AF314941

MÉTHODE

SIMPLE ET FACILE

POUR APPRENDRE SOI-MÊME A ACCOMPAGNER AVEC L'ORGUE

LE PLAIN-CHANT ET LES CANTIQUES.

PAR M. JOSEPH ALÉMANY,

Professeur de musique.

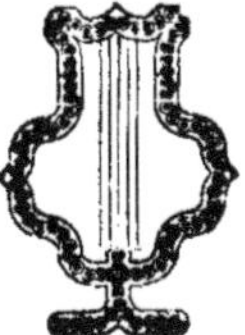

J. B. PÉLAGAUD, IMPRIMEUR-LIBRAIRE

DE N. S. P. LE PAPE.

| **Lyon,** | **Paris,** |
| Grande rue Mercière. 48. | Rue de Tournon, 5 |

1862.

Lyon. Impr. de J. B. Pélagaud.

AVANT-PROPOS.

Donner des règles simples mais sûres, pour que chacun puisse par soi-même apprendre à accompagner le plain-chant et les cantiques avec l'orgue, tel a été le but de ce petit ouvrage. Qu'on n'y cherche donc pas les règles qui enseignent l'art de jouer de cet instrument. Ce livre ne s'adresse qu'à ceux qui connaissent déjà quelque peu le mécanisme de l'orgue, et qui savent s'en servir. A ceux-là je peux promettre que, s'ils se rendent bien compte des préceptes exposés dans cet opuscule, ils pourront apprendre en moins de quinze jours à accompagner le plain-chant et les cantiques. Quant à ceux qui n'ont encore aucune notion du manége de l'orgue, ils doivent consulter et suivre les préceptes que les bons auteurs ont écrits et conseillés sur leurs méthodes, faites pour apprendre à jouer de l'orgue ou du piano. Lorsqu'ils auront acquis passablement la connaissance des jeux et le maniement des doigts sur le clavier, je leur promets alors le même résultat qu'aux premiers.

Quelques-uns croiront peut-être trouver dans ce petit livre les règles qui enseignent l'harmonie et même la composition musicale. Tel n'a pas encore été notre but. Le prospectus lui-même, comme on a pu s'en convaincre, n'a annoncé que des règles simples, claires et positives pour accompagner le plain-chant et les cantiques. Pour expliquer ce qui concerne l'harmonie et la composition musicale, trois forts volumes auraient eu peine à suffire ; encore n'auraient-ils pas suffi, pour qu'on pût seul se faire une connaissance exacte de ces deux sciences. Pour l'harmonie et le contre-point, le secours d'un maître habile sera toujours nécessaire pour les faire comprendre. On peut se convaincre de ce que j'avance, en lisant les bons et savants auteurs qui ont écrit, dans des volumes fort étendus, toutes les règles concernant les deux sciences en question, et qui les ont exposées avec beaucoup de lucidité, tels que : Phétis père, Reika, Chérubini, Chanrron, Collet, Assioli et tant d'autres.

J'entends quelques amateurs de l'ancien système se plaindre de ce que je me suis écarté de la tonalité en usage jusqu'à ces derniers temps, ou du plain-chant, en employant les accords dissonnants naturels de la tonalité moderne. Croient-ils peut-être que, parce que les anciens ne les ont pas employés, ces accords dissonnants soient incompatibles avec la tonalité ancienne ? Qu'on se détrompe. Il n'y a aucune incompatibilité entre les accords dissonnants naturels et l'harmonie de la musique ancienne ; et si les anciens ne s'en sont pas servis, c'est qu'ils ne les connaissaient pas. Il y a, j'en conviens, une grande différence entre la tonalité moderne et celle des anciens ; mais ce n'est pas à dire pour cela qu'elles ne puissent pas s'unir ensemble. Bien au contraire, les combinaisons naturelles de la musique moderne offrent des avantages énormes, surtout dans certains cas où les plus habiles contre-pointistes seraient très-embarrassés, s'ils n'avaient pas recours aux accords dissonnants ; tandis que leur emploi aplanit toutes les difficultés. Ils caractérisent en effet les différentes tonalités transitoires, en établissant des affinités tonales différentes, au moyen de l'accord caractéristique de septième de dominante. Cet accord, par son caractère attractif de la tonique, en établit le ton, et l'accord de la tonique, qui le suit toujours, le confirme. Les accords dissonnants naturels sont donc très-utiles, on peut même dire que le besoin s'en faisait sentir, car leur absence déprécie beaucoup les compositions de ceux qui n'ont pas su ou cru devoir s'en servir. Si les anciens avaient connu ces accords, ils s'en seraient certainement servis. Le célèbre Palestrina n'y a pas manqué ; il a employé, avec beaucoup de réserve cependant, l'accord de septième de seconde dans quelques compositions remarquables qu'il a faites pour la chapelle papale.

On rencontre quelquefois des gens qui prétendent que les anciens n'avaient pas de note sensible. Cela est vrai à la rigueur pour le mode mineur, mais non pour le mode majeur. En effet, s'ils s'étaient bien rendu compte de la manière dont les anciens faisaient pour solfier ou monter une série de plus de huit notes, ils auraient vu que dans ce cas ils supposaient une nouvelle clef, appelée clef de muance, après le premier tétracorde, composé de quatre notes, *ut, ré, mi, fa*; et ils donnaient le nom d'*ut* à la note qui suivait le *fa* : c'était recommencer un second tétracorde égal au premier.

Exemple :

Cette gamme des anciens se composait donc de deux tétracordes, ou deux moitiés égales, composées chacune de deux tons et d'un demi-ton ; ces derniers sont placés invariablement de la troisième note à la quatrième, comme dans la gamme des modernes ainsi conçue :

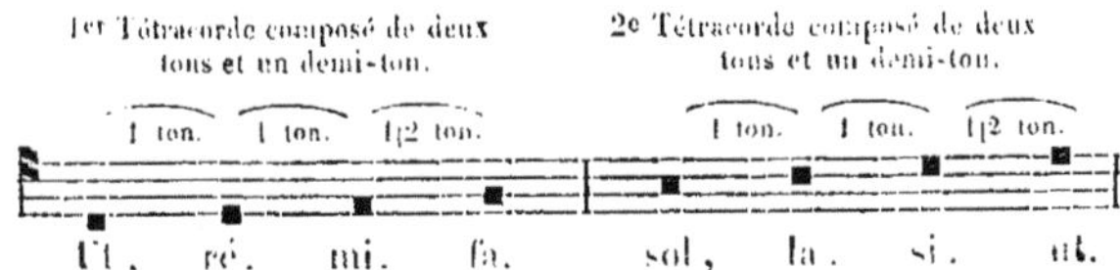

On voit, d'après les comparaisons de ces deux gammes, qu'elles sont semblables, sauf le nom des notes du dernier tétracorde.

Les anciens avaient donc eux aussi une note sensible, qui jouissait des mêmes prérogatives que celle des modernes; ils en changeaient seulement le nom : ils appelaient *mi* le *si* des modernes. Ce qui nous le prouve d'une manière irréfragable, c'est qu'ils rejettent la quarte majeure ou l'intervalle de la quinte diminuée, selon cet axiome : *Mi* contre *fa* est *diabolus in musicâ*. Que seraient en effet ce *mi* et ce *fa* des anciens, sinon le *si* et le *fa*, quinte diminuée des modernes?

Veut-on une seconde preuve de l'existence de la note sensible chez les anciens? On n'a qu'à remarquer la manière dont les anciens descendaient l'hexacorde : *ut, si* naturel, ou *mi* comme ils l'appellent, *la, sol, fa*, et remontaient ensuite de *fa* à *sol*. Les anciens, dans cette occasion, faisaient toujours le *fa* bécarre. Or le *fa* dièse n'existait pas chez eux, ils le remplaçaient par le *fa* bécarre. Ce *fa* ♮ n'est donc pas autre chose que le *fa* ✳ , et ce *fa* devenait note sensible du ton de *sol*. Ils avaient donc, les anciens, une note sensible, et ils avaient soin de la placer là où le sentiment tonal, quoique incompris par eux, l'exigeait. Aussi les anciens rejetaient-ils l'emploi et les qualités tonales d'attraction de la quarte majeure *fa, si*, par la raison que, dans la mélodie, cet intervalle, pris successivement, est dur et difficile à entonner; mais ils en ignoraient, d'un autre côté, la bonté et la douceur, pris simultanément dans l'harmonie, c'est-à-dire dans l'accord dissonnant naturel de septième de dominante, accord qui caractérisé toujours la tonalité. Ainsi se trouvent détruites les raisons pour lesquelles on voudrait se refuser à l'emploi des accords dissonnants naturels.

Concluons donc de tout ce qui vient d'être dit, que, loin de gâter le caractère tonal du plaint-chant, ni de nuire en aucune façon à son caractère primitif et sacré, les accords dissonnants naturels ne font que le rehausser, et le rendre plus harmonieux. Leur emploi comble une lacune immense, et fait faire à la science un véritable progrès ; on ne peut même les remplacer que par des accords que l'oreille repousse, ou tout au moins n'adopte qu'avec beaucoup moins de satisfaction.

Le plain-chant n'a été composé que pour être chanté à l'unisson par les fidèles ; et ceux qui en sont les auteurs étaient bien loin de s'imaginer qu'on voudrait un jour l'accompagner avec l'orgue. Mais puisque aujourd'hui l'on désire faire cet accompagnement, qu'on le fasse de manière à le rendre aussi correct, aussi agréable que possible. Pour cela gardons ce que les anciens avaient de beau et de bon, et corrigeons ce qu'ils avaient de défectueux.

Vouloir mettre le plain-chant en musique, lui donner un rhythme, faire chanter des messes, des motets ou des cantiques, comme le *Tantum ergò*, le *Laudate Dominum*, etc., etc., avec des airs d'opéras, accompagner le plain-chant avec des caprices, des roulades, sont autant de choses mauvaises, absurdes, déplacées, indignes enfin du temple de Dieu. Tous les bons musiciens qui sont en même temps bons chrétiens seront de cet avis. Aussi ai-je évité avec soin dans ce petit livre tous ces excès, comme on pourra s'en convaincre par l'étude qu'on voudra bien en faire. Toutes les règles qu'on y rencontre n'offrent rien que de noble, de pieux, de digne enfin de la sainteté de nos temples et de la majesté du Dieu qu'on y adore.

Comme je n'ai fait ce petit ouvrage que pour pouvoir être utile, et rendre un service aux ecclésiastiques qui, sans avoir des notions trop étendues sur la musique, désirent accompagner le plain-chant d'une manière simple et facile, je me ferai toujours un plaisir de leur expliquer ce qui pourrait être encore trop obscur pour eux ; ils n'auront donc qu'à m'écrire, et je leur donnerai toutes les explications qu'ils me demanderont. Je recevrai aussi avec grand plaisir les observations et les critiques bienveillantes que voudront bien m'adresser les connaisseurs en pareille matière , afin que je puisse remédier aux fautes ou lacunes qui pourraient exister dans le cours de cet ouvrage.

MÉTHODE

SIMPLE ET FACILE

POUR APPRENDRE SOI-MÊME A ACCOMPAGNER AVEC L'ORGUE

LE PLAIN-CHANT ET LES CANTIQUES.

DE LA MÉLODIE ET DE L'HARMONIE (1).

La mélodie est une série ou un enchaînement de sons, plus ou moins bien suivi, plus ou moins bien coordonné. L'assemblage de ces notes, qui se succèdent les unes aux autres, forme ce qu'on appelle un air; de sorte que tout chant pris isolément est un air : un *kyrie*, une hymne sont des airs ou, ce qui revient au même, des mélodies. L'harmonie est la réunion de plusieurs notes dont le son se fait entendre simultanément, et non pas seulement d'une manière successive, comme il arrive dans la mélodie. Ainsi, par exemple, si l'on appuie en même temps sur les trois touches *ut*, *mi, sol,* d'un orgue ou d'un harmonium, ou que plusieurs voix entonnent à la fois ces trois notes, on fera ce qu'on appelle harmonie ou accord. (Voir la note 1 ci-dessous; voyez aussi Planche I, Exemple 1er.)

Les notes de la mélodie ou du chant ont chacune un nom déterminé qui indique leur caractère particulier, et sert à distinguer l'accord ou l'accompagnement qu'on doit leur appliquer. Ainsi toutes les mélodies, de même que les harmonies qui les accompagnent, sont composées avec des notes appartenant à tel ou tel ton, à telle ou telle gamme, soit majeure, soit mineure, selon

(1) Quoique ces deux expressions soient synonymes dans leur acception première, la seconde ne laisse pas d'être la seule usitée pour le cas présent; et il ne sera pas inutile de dire dès maintenant que le nom d'harmonie, dans sa signification ordinaire, s'applique moins à un accord isolé qu'à une réunion, à un enchaînement d'accords.

l'ordre dans lequel elles se suivent. C'est cet ordre même, c'est la manière dont les notes se succèdent dans une gamme, qui constitue le ton et le mode qui leur sont propres, et cela tant en musique qu'en plain-chant. Car toutes les notes d'une même gamme ont entre elles, dans leur ordre de succession progressive, des affinités naturelles, qui établissent un sentiment tonal absolu. Cela est tellement vrai, que si l'on altère, au moyen d'un dièse ou d'un bémol, l'une des notes d'une gamme quelconque, cette note perd le caractère du degré qu'elle occupait. Les affinités premières cessent pour faire place à de nouvelles affinités ; au sentiment tonal primitif il en succède un second.

Ce sentiment tonal, l'oreille ne le soupçonnait pas d'abord; mais maintenant elle le réclame et le perçoit invinciblement, parce qu'elle a entendu la note dont l'altération a produit ce changement capital dans la gamme. Ce fait est d'autant plus digne d'attention sérieuse et d'étude approfondie, que sur lui est fondé l'art des modulations, c'est-à-dire l'art de passer d'un ton dans un autre, soit qu'on s'occupe seulement de la mélodie, soit qu'on s'occupe à la fois et de la mélodie et de l'harmonie qui lui sert d'accompagnement. Un exemple fera comprendre clairement cette loi de la tonalité :

Si l'on mettait un dièse sur le *fa* qui est le quatrième degré de la gamme d'*ut*, le caractère tonal du *fa* quatrième degré, qui tend à descendre vers le *mi*, serait changé en caractère de septième degré, tendant à monter vers l'octave de la tonique dans la gamme de *sol*. Par conséquent, le caractère tonal de toutes les autres notes serait changé jusqu'au moment où le *fa* dièse, qui avait mis ce trouble dans la tonalité, redeviendrait *fa* naturel, c'est-à-dire quatrième degré du ton d'*ut*. La gamme d'*ut* n'a en effet aucun dièse ni aucun bémol, et, par conséquent, l'introduction de l'un ou de l'autre de ces deux accidents dans cette gamme en change les affinités, et la met en contact immédiat avec une autre gamme. (Ex. 2ᵉ.)

Dans cet exemple, l'oreille, au son du *fa* dièse, demande instinctivement le *sol*. Cette note devient donc tonique jusqu'à ce que le *fa* soit revenu à son ton naturel. La même chose arrive pour toutes les autres gammes qui ont des accidents à la clef.

Les accidents que les gammes portent à la clef, sont des notes naturelles à la gamme ou ton dans lequel le morceau de musique est écrit. Si donc on introduit un accident autre que ceux qui sont marqués à la clef, l'accident nouveau qu'on introduit, et qui n'est pas à la clef, trouble le sentiment tonal de la même manière que nous l'avons expliqué plus haut.

Comme je l'ai déjà dit, toutes les mélodies et les harmonies sont soumises aux règles fondamentales des gammes majeures et mineures, sur lesquelles est basé tout le système musical.

Les gammes, sur lesquelles est basé le système musical et celui du plain-chant, se composent de la succession de huit notes contenant cinq tons et deux demi-tons pour les gammes du mode majeur, ainsi que pour celles du mode mineur. Il y a cependant une différence dans ces dernières : le second demi-ton est variable en descendant, selon certains auteurs, et invariable selon d'autres. Quelques-uns veulent encore que les gammes mineures comprennent trois demi-tons, tant en montant qu'en descendant, avec un intervalle augmenté. (J'expliquerai plus tard pourquoi il y a plusieurs systèmes pour la gamme mineure.)

Aux huit notes qui composent les deux gammes, on donne le nom de 1er, 2e, 3e degré, etc., selon la place qu'elles occupent ; et c'est le numéro de ce degré qui sert à désigner leur caractère tonal respectif.

Ainsi, dans la gamme d'*ut* que nous prenons pour exemple, on donne le nom de premier degré ou tonique à l'*ut*, qui est la première note de la gamme : le nom de premier degré, parce que l'*ut* est la première note de la gamme ; le nom de tonique, parce que c'est sur elle que tout l'édifice de la gamme est basé. C'est vers elle, en effet, que tout le reste tend à venir toujours, parce qu'elle seule possède le caractère de repos final absolu, caractère particulier et essentiel de la tonique, c'est-à-dire de la première note de la gamme.

Au *ré*, qui est la seconde note de la gamme, on donne le nom de second degré ou sus-tonique. Son caractère particulier est de tendre à revenir vers la tonique, c'est-à-dire que généralement elle appartient à un accord qui, selon la loi tonale, doit se résoudre sur la tonique.

La troisième note de la gamme, qui est le *mi*, est appelée médiante ou troisième degré. On l'appelle médiante, parce qu'elle tient le milieu dans l'accord de la tonique. Son caractère tonal est de tendre vers le *fa*, quand elle porte son accord parfait *mi*, *sol*, *si*; mais ordinairement le troisième degré dérive de l'accord du premier degré, c'est-à-dire de la tonique.

La quatrième note de la gamme, qui est le *fa*, s'appelle sous-dominante ou quatrième degré. On l'appelle sous-dominante, parce qu'elle se trouve une note plus bas que la dominante. Son caractère tonal est de descendre au *mi*, c'est-à-dire au troisième degré, qui dérive de l'accord de la tonique.

La cinquième note de la gamme, qui est le *sol*, s'appelle dominante ou cinquième degré. On l'appelle dominante, parce qu'elle est la note supérieure de l'accord de la tonique, et parce qu'elle fait partie du plus grand nombre des accords. Son caractère tonal est d'aller vers la tonique.

La sixième note de la gamme, qui est le *la*, s'appelle sus-dominante ou sixième degré. On l'appelle sus-dominante, parce qu'elle se trouve une note plus haut que la dominante. Son caractère tonal est de descendre vers la dominante.

La septième note de la gamme, qui est le *si*, se nomme note sensible ou septième degré. On l'appelle note sensible, parce que son caractère, qui est d'arriver à la tonique, se fait sentir très-vivement et d'une manière plus prononcée que celui de toute autre note de la gamme.

La huitième note de la gamme s'appelle octave ou huitième degré : ce n'est autre chose que la répétition de la tonique une gamme plus haut ; aussi l'appelle-t-on indifféremment tonique. (Planche II, Ex. 3e.)

La gamme mineure, quoique composée de huit notes comme la gamme majeure, en diffère cependant par le placement des deux demi-tons, dont le premier est invariablement fixé du second au troisième degré, tandis que le second se place en montant du septième au huitième, et en descendant du cinquième au sixième. (Ex. 4e.)

Il y a des auteurs qui veulent que le sixième degré de la gamme mineure en montant ne soit pas haussé d'un demi-ton, et laissent l'intervalle d'un ton et demi du sixième au septième degré, intervalle défendu par les lois de la mélodie. Ils composent, par conséquent, la gamme mineure avec trois tons, trois demi-tons et un intervalle d'un ton et demi. (Planche III, Ex. 5ᵉ.)

Comme aussi il y en a d'autres qui mettent trois demi-tons et l'intervalle d'un ton et demi en montant, et qui en descendant n'y mettent que deux demi-tons. Ils détruisent ainsi l'intervalle d'un ton et demi, en baissant le septième degré d'un demi-ton, c'est-à-dire qu'ils mettent un ton du huitième degré au septième, en sortant l'accident du septième degré; ce qui fait qu'en descendant il n'y a dans cette formule que deux demi-tons, dont l'un du second au troisième degré, et l'autre du cinquième au sixième. (Ex. 6ᵉ.)

Toutes les autres gammes se forment sur le modèle de la gamme d'*ut* pour les gammes des tons majeurs, et sur le modèle de la gamme de *la* pour les gammes des tons mineurs. Ainsi, si l'on veut former une gamme majeure, on prendra la note qu'on voudra pour tonique ou premier degré; on mettra ensuite un ton de celle-ci à la note suivante, qui est le second degré, en la haussant ou la baissant d'un demi-ton, selon qu'il en est besoin. Ces changements ont lieu au moyen du dièse ou du bémol, ou encore du bécarre, si déjà la note était diésée ou bémolisée.

On fera de même pour les autres, c'est-à-dire qu'on mettra un ton du second au troisième degré, un demi-ton du troisième au quatrième, un ton du quatrième au cinquième, un ton du cinquième au sixième, encore un ton du sixième au septième, et un demi-ton du septième au huitième. Ainsi, si nous prenons le *ré* naturel pour point de départ en l'établissant tonique, c'est-à-dire premier degré de la gamme, nous dirons : De *ré* première note à *mi* seconde, il y a un ton; donc ce degré est bon, puisque du 1ᵉʳ au 2ᵉ degré il faut un ton. De *mi* seconde note à *fa* troisième, il n'y a qu'un demiton; comme du second au troisième degré de la gamme majeure il faut un ton, je mets un dièse sur le *fa*, afin de l'élever du demiton qui lui manque. Du *fa* dièse troisième note à *sol* naturel, il n'y a qu'un demi-ton; c'est régulier, parce que, du troisième au quatrième degré de la gamme majeure, il ne faut qu'un demi-ton. De *sol* quatrième note à la cinquième, il y a un ton ; c'est bien, puisque du quatrième degré au cinquième d'une gamme majeure il faut un ton. De *la* cinquième note à *si* sixième, il y a un ton ; c'est régulier, parce qu'il faut un ton du cinquième au sixième degré de la gamme majeure. De *si* sixième note à *ut* septième, il n'y a qu'un demi-ton ; mais comme du septième degré au huitième il ne faut qu'un demi-ton, je mets un dièse sur l'*ut* pour le hausser d'un demi-ton, et le mettre à distance d'un demi-ton du *ré* qui est la huitième note. (Pl. IV, Ex. 7e.)

On doit procéder de la même manière pour former toutes les autres gammes majeures.

On emploie le même procédé pour former les gammes mineures, avec la différence cependant qu'on doit placer le premier demi-ton du second au troisième degré, tant en montant qu'en descendant, et le second du septième au huitième en montant. Pour cela, on élève toujours d'un demi-ton le sixième et le septième degré (comme nous l'avons expliqué plus haut pour la première formule qui est celle que nous adoptons), et on remet le second demi-ton du cinquième au sixième degré en descendant ; ce qui se fait en sortant l'accident qu'on avait mis à ces deux degrés en montant. On les remet ainsi dans leur ton naturel par la raison que nous avons donnée plus haut.

Manière de connaître dans quel ton sont écrits les morceaux de musique.

Les morceaux de musique sont tous écrits dans un ton majeur ou dans un ton mineur ; et, organiquement parlant, il en est de même pour les différents tons ou modes du plain-chant, quand même, à l'aspect des différentes gammes de ce dernier, il semble qu'il devrait en être autrement, comme nous le verrons plus tard.

On a dû remarquer, dans les explications des gammes déjà données, que la différence d'une gamme majeure à une gamme mineure consiste en ce que, dans la première, le premier demi-ton se trouve du troisième au quatrième degré ; tandis que , dans la seconde, il se trouve du second au troisième. Or , c'est le déplacement de ce demi-ton qui décide si le ton est majeur ou mineur.

Prenons en effet la gamme d'*ut*, et laissons le premier demi-ton du *mi* au *fa*, c'est-à-dire du troisième au quatrième degré : nous serons dans le ton d'*ut* majeur , et l'intervalle *ut-mi* comprendra une tierce majeure ou deux tons. Mais si nous transportons le demi-ton du *ré* au *mi* , c'est-à-dire du second au troisième degré , en mettant un bémol sur le *mi*, nous serons alors dans le ton d'*ut* mineur, et l'intervalle *ut-mi* bémol comprendra une tierce mineure ou un ton et demi. De là vient que le troisième degré dans la gamme est appelé note modale , parce que c'est elle qui détermine le mode majeur ou mineur, selon qu'elle est éloignée de la tonique de deux tons ou d'un ton et demi seulement.

Il y a encore une autre note modale : c'est le sixième degré, qui fait avec la tonique une sixte majeure dans le mode majeur, et dans le mode mineur une sixte mineure.

Donc le ton est majeur quand de sa tonique à sa troisième note il y a deux tons, comme d'*ut* à *mi*. (Ex. 8°.)

Le ton est mineur quand de sa tonique à sa troisième note il n'y a qu'une tierce mineure , c'est-à-dire qu'un ton et demi, comme d'*ut* à *mi* bémol. (Ex. 9°.)

Chaque ton majeur a son ton relatif mineur , ainsi appelé parce qu'il porte la même armature à la clef, c'est-à-dire le même nombre de dièses ou de bémols; il se fait, par conséquent, avec les mêmes notes, sauf la sixième et la septième qu'on hausse accidentellement d'un demi-ton en montant, mais qu'on remet dans le ton naturel en descendant. Ainsi , par exemple, le ton de *la* mineur est relatif du ton d'*ut* majeur, parce que ni l'un ni l'autre ne portent aucun accident à la clef. (Pl. V, Ex. 10°.)

La tonique du ton mineur relatif du ton majeur se trouve une tierce mineure plus bas que la tonique du ton majeur , c'est-à-dire un ton et demi plus bas, ce qui fait trois notes en partant de la tonique majeure. Ainsi le *la*, qui est la tonique du ton mineur relatif d'*ut* majeur, se trouve un ton et demi plus bas, c'est-à-dire trois notes plus bas que l'*ut*. (Ex. 11°.)

Manière de connaître dans quel ton sont les pièces de musique ou de plain-chant qu'on veut accompagner (1).

On sait que lorsqu'il n'y a aucun accident à la clef, on est en *ut* majeur ou en *la* mineur.

Pour savoir maintenant d'une manière positive si l'on est en *ut* majeur ou en *la* mineur, on doit examiner si la cinquième note en partant de l'*ut* même, c'est-à-dire le *sol*, est altérée quand elle monte vers la sixième qui est le *la;* si elle est altérée par un dièse, on sera dans le ton de *la* mineur; et si elle ne l'est pas, on sera en *ut* majeur; parce que le ton d'*ut* ne peut avoir de *sol* dièse, ou que le *sol* dièse ne se trouve pas dans la gamme d'*ut*. (Pl. VI, Ex. 12ᵉ.)

Pour connaître dans quel ton l'on est, quand il y a des dièses ou des bémols à la clef, on doit savoir que, dans les tons qui ont des dièses à la clef, la tonique du ton majeur se trouve une note plus haut que le dernier dièse, c'est-à-dire un demi-ton plus haut; et la tonique du ton mineur relatif une note plus bas, c'est-à-dire un ton plus bas que le dernier dièse. Soit, par exemple, un ton qui ait deux dièses à la clef, dont le premier sur le *fa* et le second sur l'*ut*; ou bien un autre qui en ait trois, *fa, ut, sol*. Dans le premier cas, on sera dans le ton de *ré* majeur ou de *si* mineur son relatif; parce que le dernier dièse étant sur l'*ut*, le *ré* qui est la note qui suit l'*ut* dièse, c'est-à-dire qui est une note plus haut que l'*ut* dièse, est la tonique majeure; et le *si* qui précède l'*ut* dièse, c'est-à-dire qui est une note plus bas, est la tonique du ton mineur relatif de *ré* majeur. (Ex. 13ᵉ). Dans le second cas, on est en *la* majeur ou en *fa* dièse mineur, parce que le dernier dièse étant sur le *sol*, le *la*, qui est une note plus haut que le *sol* dièse, est la tonique du ton

(1) Je ne veux pas parler ici des tons des pièces de plain-chant, car on sait que la tonique du plain-chant est toujours la finale. Mais je parle des tons avec lesquels on doit accompagner sur l'orgue le plain-chant, et auxquels se rapportent ceux du plain-chant; car, dans ce cas, bien souvent les finales du plain-chant ne sont pas la tonique pour l'accompagnement, comme cela arrive dans le 5ᵐᵉ ton qui est en *la* mineur, tandis que sa finale ou tonique en plain-chant c'est le *mi*.

majeur ; et le *fa* dièse, qui est une note plus bas que le *sol* dièse , est la tonique du ton mineur , relatif de *la* majeur (Ex. 14e.)

Pour savoir maintenant dans lequel des deux tons indiqués par la marque de la clef le morceau est écrit, on doit examiner si la cinquième note du ton majeur est altérée quand elle monte à la sixième. Si cette note a un dièse , c'est le ton mineur ; si elle n'en a pas, c'est le ton majeur. Pour les tons qui portent des bémols à la clef, le dernier bémol indique la quatrième note du ton majeur et la sixième note du ton relatif mineur. Donc la tonique du ton majeur, dans les tons qui ont des bémols, se trouve quatre notes plus bas que le dernier bémol en partant de celui-ci ; et la tonique du ton mineur relatif se trouve trois notes plus haut que le dernier bémol, ou six notes plus bas. Ainsi , quand il y a deux bémols à la clef, le premier est sur le *si* et le second sur le *mi* : or, si nous descendons quatre notes plus bas que le *mi* bémol , en disant *mi* bémol une, *ré* deux, *ut* trois, *si* bémol quatre, nous trouverons que c'est le *si* bémol qui est la tonique du ton majeur ; et si nous descendons encore trois notes plus bas en partant de la tonique majeure *si* bémol, en disant *si* bémol une , *la* deux, *sol* trois , nous verrons que c'est le *sol* qui est la tonique du ton mineur relatif de *si* bémol majeur. (Pl. VII, Ex. 15e.)

Pour connaître maintenant si l'on est dans le ton majeur ou dans le ton mineur , il n'y a qu'à voir si la quinte ou cinquième note de *si* bémol, qui est le *fa,* est altérée quand elle monte au *sol ;* si elle n'est pas altérée, on est dans le ton majeur *si* bémol ; si elle est altérée, on est en *sol* mineur relatif de *si* bémol majeur. (Ex. 16e). On procèdera de la même manière pour tous les autres tons qui ont des dièses et pour tous ceux qui ont des bémols.

Manière dont les dièses et les bémols se placent à la clef.

On doit savoir qu'il y a sept dièses et sept bémols , c'est-à-dire autant que de notes. Les sept dièses et les sept bémols se placent à la clef les uns après les autres dans un ordre invariable. Quand même il arriverait que, par ignorance ou inattention, l'imprimeur ou le copiste ne les aurait pas mis dans l'ordre voulu, on doit les considérer toujours comme étant à la place respective qui leur est rigoureusement assignée. Lorsque, dans le courant d'un morceau de musique, il se présente de prime-abord un dièse ou un bémol qui doit logiquement être précédé d'autres dièses ou d'autres bémols, on pensera toujours que ceux qu'on ne voit pas, mais qui selon l'ordre des accidents devraient déjà être placés, le sont en effet ; et l'on calculera toujours le dernier dièse comme la septième note du ton, et le dernier bémol comme la quatrième. Je dis le dernier dièse et le dernier bémol, non que je veuille dire le dernier dièse ou le dernier bémol écrit, mais le bémol ou le dièse qui, selon l'ordre des dièses et des bémols, est de droit le dernier.

Voici l'ordre invariable dans lequel se placent les dièses :

Les sept dièses se placent dans l'ordre invariable de quinte en quinte en montant, et de quarte en quarte en descendant, en partant toujours de la note où se trouve le dernier dièse déjà placé : ainsi le premier dièse se place sur le *fa*, et donne le ton de *sol* majeur ou de *mi* mineur.

Le second dièse se place sur l'*ut*, et donne le ton de *ré* majeur ou de *si* naturel mineur.

Le troisième dièse se place sur le *sol*, et donne le ton de *la* majeur ou de *fa* dièse mineur.

Le quatrième dièse se place sur le *ré*, et donne le ton de *mi* majeur ou d'*ut* dièse mineur.

Le cinquième dièse se place sur le *la*, et donne le ton de *si* majeur ou de *sol* dièse mineur.

Le sixième dièse se place sur le *mi*, et donne le ton de *fa* dièse majeur ou de *ré* dièse mineur.

Le septième dièse se place sur le *si*, et donne le ton d'*ut* dièse majeur ou le ton de *la* dièse mineur. (Ex. 17ᵉ.)

Les sept bémols se placent dans l'ordre invariable de quarte en quarte en montant, et de quinte en quinte en descendant. En effet, comme les bémols produisent l'effet contraire des dièses, qu'ils baissent la note d'un demi-ton, tandis que les dièses la haussent, ils doivent se placer dans l'ordre diamétralement opposé à celui des dièses. Ainsi le premier bémol se place sur le *si* qui est la place du dernier dièse, et donne le ton de *fa* majeur ou de *ré* mineur.

Le second bémol se place sur le *mi*, et donne le ton de *si* bémol majeur ou de *sol* mineur.

Le troisième bémol se place sur le *la*, et donne le ton de *mi* bémol majeur ou d'*ut* mineur.

Le quatrième bémol se place sur le *ré*, et donne le ton de *la* bémol majeur ou de *fa* naturel mineur.

Le cinquième bémol se place sur le *sol*, et donne le ton de *ré* bémol majeur ou de *si* bémol mineur.

Le sixième bémol se place sur l'*ut*, et donne le ton de *sol* bémol majeur ou de *mi* bémol mineur.

Le septième bémol se place sur le *fa*, et donne le ton d'*ut* bémol majeur ou de *la* bémol mineur. (Ex. 18ᵉ.)

C'est avec l'aide des dièses et des bémols qu'on forme toutes les gammes ou tons sur les douze sons musicaux contenus dans la gamme chromatique. (Pl. VIII, Ex. 19ᵉ.)

Chacune de ces notes peut être prise pour tonique, et, à l'aide des dièses et des bémols, on peut placer les cinq tons et les deux demi-tons de chacun de ces tons ou gammes aux degrés voulus par la constitution naturelle de la gamme majeure ou mineure, selon qu'on veut être en majeur ou en mineur.

Des Intervalles.

Les notes se suivent mélodiquement les unes après les autres, à des distances plus ou moins grandes. On nomme ces distances des intervalles. Quand deux notes se suivent immédiatement l'une après l'autre, comme *ut*, *ré*, *mi*, *fa*, *sol*, *la*, *si*, *ut* (Ex. 20ᵉ), on les nomme des intervalles conjoints de seconde majeure ou de seconde mineure, selon qu'elles sont à distance d'un ton ou d'un demi-ton l'une de l'autre. (Ex. 20ᵉ.)

Dans toutes les autres circonstances on les appelle des intervalles ou degrés disjoints de tierce majeure, si de la première note à celle qui la suit il y a deux tons, comme *ut*, *mi* naturel; et de tierce mineure, s'il n'y a qu'un ton et demi, comme *ut*, *mi* bémol. (Ex. 21ᵉ.)

L'intervalle est de quarte mineure s'il n'y a que deux tons et un demi-ton, comme *ut*, *fa*, et de quarte majeure dite triton, comme *ut*, *fa* dièse, si elle se compose de trois tons (Ex. 22ᵉ); de quinte majeure si l'intervalle se compose de trois tons et un demi-ton, comme *ut*, *sol*; de quinte mineure dite quinte diminuée, si elle se compose de deux tons et deux demi-tons, comme *si*, *fa* (Ex. 23ᵉ); de sixte majeure si l'intervalle se compose de quatre tons et un demi-ton, comme *ut*, *la*; de sixte mineure s'il se compose de trois tons et deux demi-tons, comme *ut*, *la* bémol (Ex. 24ᵉ); de septième majeure si l'intervalle se compose de cinq tons et un demi-ton, comme *ut*, *si*; de septième mineure s'il se compose de quatre tons et deux demi-tons, comme *ut*, *si* bémol (Pl. IX, Ex. 25ᵉ); d'octave si l'intervalle se compose de cinq tons et deux demi-tons, comme *ut*, *ut*. (Ex. 26ᵉ.)

Du renversement des Intervalles.

Renverser un intervalle, c'est mettre en haut la note qui est en bas, et en bas celle qui est en haut. Tous les intervalles peuvent se transformer comme il suit :

L'unisson renversé devient octave, et l'octave unisson.

La seconde majeure devient septième mineure, et la septième mineure devient seconde majeure. La seconde mineure devient septième majeure, et la septième majeure devient seconde mineure.

La tierce majeure devient sixte mineure, et la sixte mineure devient tierce majeure. La tierce mineure devient sixte majeure, et la sixte majeure devient tierce mineure.

La quarte majeure dite quarte augmentée devient quinte mineure dite quinte diminuée, et la quinte mineure dite quinte diminuée devient quarte majeure dite quarte augmentée ou triton. La quarte mineure dite quarte juste devient quinte majeure ou quinte juste, et la quinte majeure dite quinte juste donne la quarte mineure dite quarte juste. (Pl. IX, Ex. 27°.)

Ces renversements produisent les nombres suivants qui, additionnés, donnent toujours le nombre 9.

$$\begin{array}{cccccccc} 1. & 7. & 6. & 5. & 4. & 3. & 2. & 8. \\ \hline 8. & 2. & 3. & 4. & 5. & 6. & 7. & 1. \end{array}$$

Les intervalles majeurs renversés deviennent mineurs, les mineurs majeurs, les augmentés diminués, et les diminués augmentés.

Les intervalles et les accords se comptent toujours en partant de la note de la basse.

Des Consonnances et des Dissonnances.

Tout intervalle qui plait à l'oreille sans lui causer aucune sensation qui la trouble, est un intervalle consonnant. Tels sont les intervalles de tierce, de sixte, de quinte et d'octave. Les intervalles de tierce et de sixte s'appellent des consonnances imparfaites; on les appelle ainsi parce qu'ils sont variables, c'est-à-dire qu'ils peuvent être majeurs ou mineurs, sans qu'ils cessent pour cela d'être consonnants. La quinte et l'octave s'appellent consonnances parfaites, parce qu'elles sont invariables, c'est-à-dire qu'on ne peut pas les changer sans les rendre dissonnantes.

On appelle dissonnances les intervalles qui, par un choc médiat ou immédiat, blessent l'oreille. Tels sont la seconde et la septième. La première est plus désagréable, à cause de son choc immédiat; tandis que la septième l'est moins, son choc étant médiat seulement.

Ce sont les intervalles consonnants ou dissonnants contenus dans les accords, qui font que ces derniers sont à leur tour consonnants ou dissonnants.

Des Accords.

Les accords se forment en plaçant sur une note quelconque d'autres notes à distance de tierce en tierce. (Pl. X, Ex. 28ᵉ.)

Les accords sont majeurs ou mineurs, consonnants ou dissonnants.

Tous les accords de trois notes sont consonnants. Ceux qui se composent de tierce majeure et quinte majeure dite quinte parfaite, s'appellent accords parfaits majeurs, comme *ut*, *mi*, *sol*. (Ex. 29ᵉ.)

Ceux qui ont la tierce mineure et la quinte majeure dite quinte parfaite, s'appellent accords parfaits mineurs, comme *la*, *ut*, *mi*. (Ex. 30ᵉ.)

Ceux qui se composent de tierce mineure et de quinte mineure dite quinte diminuée, comme *si*, *ré*, *fa*, s'appellent accords de quinte diminuée. (Ex. 31ᵉ.)

Tous les autres accords qui se composent de plus de trois sons, sont plus ou moins dissonnants; mais comme nous ne nous servirons que de deux de ces accords, nous ne parlerons que de ceux-là. Le premier, qui s'appelle accord de septième de seconde, se compose de tierce mineure, quinte juste et septième mineure. (Ex. 32ᵉ). Le second, qui est l'accord dissonnant de septième de dominante, se compose de tierce majeure, quinte juste et septième mineure. (Ex. 33ᵉ.)

Nous nous servirons seulement des quatre accords suivants que nous appellerons accords primitifs, et que nous classons dans l'ordre suivant : accord de première, de seconde, de troisième et de quatrième espèce. Au moyen de ces accords, on pourra accompagner le plain-chant et les cantiques d'une manière aussi variée qu'agréable.

PREMIÈRE ESPÈCE.

Nous appelons accord de première espèce l'accord parfait majeur qui se compose de tierce majeure et quinte juste ou parfaite. On l'appelle parfait, parce qu'il est le seul qui possède le sentiment du repos absolu, comme *ut, mi, sol*. (Pl. XI, Ex. 34ᵉ.)

DEUXIÈME ESPÈCE.

Nous appelons accord de seconde espèce l'accord parfait mineur qui se compose de tierce mineure et quinte juste ou parfaite, comme *ut, mi* bémol, *sol*. On l'appelle accord parfait mineur, parce qu'il possède aussi le sentiment du repos absolu. (Ex. 35°.)

TROISIÈME ESPÈCE.

Nous appelons accord de troisième espèce l'accord dissonnant naturel, dit accord de septième de seconde ou de second degré; il se compose de tierce mineure, [quinte juste et septième mineure. On l'appelle accord de septième de seconde ou de second degré, parce qu'il se place sur la seconde note de la gamme ou second degré, c'est-à-dire que le second degré est toujours la fondamentale de cet accord, comme *ré, fa, la, ut*. (Ex. 36ᶜ.)

QUATRIÈME ESPÈCE.

Nous appelons accord de quatrième espèce l'accord dissonnant naturel, dit accord de septième de dominante; il se compose de tierce majeure, quinte juste et septième mineure. Cet accord se place toujours sur la dominante ou cinquième degré, comme *sol, si, ré, fa*. (Ex. 37ᵉ.)

On doit remarquer que ces deux accords dissonnants, quoique composés des mêmes éléments, diffèrent par leur forme, c'est-à-dire que le premier se compose de tierce mineure, quinte juste et septième mineure, *ré, fa, la, ut*, ce qui fait un accord mineur avec septième mineure; tandis que le second se compose de tierce majeure dite tierce sensible, de quinte juste et de septième mineure, *sol, si, ré, fa*, ce qui fait un accord majeur avec septième mineure. (Ex. 38ᶜ.)

L'accord de septième de seconde du mode mineur diffère de

l'accord de septième de seconde du mode majeur, en ce qu'il se compose de tierce mineure, quinte diminuée et septième mineure; comme en *la* mineur l'accord *si*, *ré*, *fa*, *la*, on l'appelle accord diminué avec septième mineure. (Ex. 39°.)

Du renversement des Accords.

Les accords peuvent se présenter sous autant de faces différentes qu'ils ont de notes, c'est-à-dire qu'ils peuvent avoir à la base l'une ou l'autre des notes qui les composent. C'est ce qu'on appelle accords renversés ou dérivés, parce que chaque fois que la note fondamentale n'est pas à la base, l'accord est renversé. De là vient que les accords de trois sons, comme *ut*, *mi*, *sol*, donnent les trois versions suivantes :

1° L'accord fondamental de tierce et quinte, qu'on chiffre ainsi $\frac{5}{3}$ quand on ne veut écrire que la note de la basse. (Pl. XII, Ex. 40°.)

2° Premier renversement ou premier dérivé, quand on met la tierce de l'accord à la basse, comme le *mi* dans l'accord *ut*, *mi*, *sol*; alors on appelle ce premier renversement accord de tierce et sixte, comme *mi*, *sol*, *ut*, et on le chiffre ainsi $\frac{6}{3}$. (Ex. 41°.)

3° Second renversement ou dérivé, quand on met la troisième note de l'accord, c'est-à-dire la quinte de l'accord à la basse, comme le *sol* dans l'accord *ut*, *mi*, *sol*; alors on appelle ce second renversement accord de quarte et sixte, comme *sol*, *ut*, *mi*, et on le chiffre ainsi $\frac{6}{4}$. (Ex. 42°.)

Les accords dissonnants de quatre sons ont trois renversements ou dérivés, et par conséquent se présentent de quatre manières différentes.

Accord de septième de seconde.

L'accord dissonnant tonal de septième de seconde, dit septième de second degré, se présente :

1º Dans son état direct ou fondamental de tierce mineure, quinte juste et septième mineure. La fondamentale de cet accord est toujours le second degré, comme *ré*, *fa*, *la*, *ut*, et se chiffre $\frac{7}{5}$. (Ex. 43ᵉ.)

2º Dans son premier renversement ou dérivé, quand on met la tierce de l'accord à la basse, comme le *fa* dans l'accord *ré*, *fa*, *la*, *ut*, alors on appelle ce premier renversement accord de tierce, quinte et sixte, comme *fa*, *la*, *ut*, *ré*, et on le chiffre $\frac{6}{5}$. (Pl. XIII, Ex. 44ᵉ.)

3º Dans le second renversement ou dérivé, quand la quinte de l'accord se trouve à la basse, comme le *la* dans l'accord *ré*, *fa*, *la*, *ut*, alors on appelle ce second renversement accord de tierce, quarte et sixte, comme *la*, *ut*, *ré*, *fa*, et on le chiffre $\frac{6}{3}$. (Ex. 45ᵉ.)

4º Dans le troisième renversement ou dérivé, quand la septième de l'accord, qui est l'*ut* dans l'accord *ré*, *fa*, *la*, *ut*, est à la basse, alors on appelle ce troisième renversement accord de seconde, quarte et sixte, comme *ut*, *ré*, *fa*, *la*, et on le chiffre $\frac{6}{2}$. (Ex. 46ᵉ.)

Dans l'accord de septième de seconde du mode mineur, comme la quinte de l'accord est une quinte diminuée, par exemple la quinte *si*, *fa*, dans l'accord de septième de seconde du ton de *la* naturel mineur, qui est *si*, *ré*, *fa*, *la*, on barre la quinte avec une petite ligne qui traverse le 5, de cette manière $\frac{7}{5}$; et les renversements se chiffrent, le premier $\frac{6}{5}$, le second $\frac{6}{3}$, et le troisième $\frac{6}{2}$, absolument comme ceux de la septième de seconde du mode majeur. (Ex. 47ᵉ.)

<h2 style="text-align:center">Accord de septième de dominante.</h2>

L'accord dissonnant de septième de dominante se présente aussi de quatre manières différentes, comme celui de septième de second degré; seulement on met toujours une petite croix devant le chiffre qui représente la tierce, pour indiquer que la note sensible est la tierce de cet accord; par conséquent il se présente:

1º Dans son état fondamental ou direct de tierce sensible, quinte

2

juste et septième mineure, comme *sol, si, ré, fa*, et on l'appelle accord de septième de dominante. (Pl. **XIV**, Ex. 48ᵉ.)

2° Dans son premier renversement, quand la tierce de l'accord, qui est la note sensible, est à la basse, comme le *si* dans l'accord *sol, si, ré, fa*, alors cet accord s'appelle accord de quinte diminuée et sixte, comme *si, ré, fa, sol*, et on le chiffre $-\frac{6}{5}-$. (Ex. 49ᵉ.)

3° Dans le second renversement, quand la quinte de l'accord, comme *ré* dans l'accord *sol, si, ré, fa*, est à la basse, alors cet accord s'appelle accord de tierce, quarte et sixte sensible, comme *ré, fa, sol, si*, et on le chiffre ainsi $\overset{+6}{_4}$. (Ex. 50ᵉ.)

4° Dans le troisième renversement, quand la septième de l'accord est à la basse, comme le *fa* dans l'accord *sol, si, ré, fa*, alors cet accord s'appelle accord de seconde, quarte sensible et sixte, et on le chiffre avec $+\overset{6}{_2}$. (Ex. 51ᵉ.)

Comme on le voit, c'est le changement de la seule note de la basse qui forme les renversements. On doit savoir que l'accord de la septième de seconde conduit toujours à l'accord de la dominante, sauf quelques cas rares, dans lesquels on le fait suivre de l'accord de la tonique. Ce dernier cas a lieu ordinairement avant une cadence finale. La fondamentale de cet accord est toujours le second degré des gammes majeures et mineures. L'accord de la septième de dominante conduit toujours à la tonique, et sa fondamentale est toujours le cinquième degré de la gamme majeure et de la gamme mineure.

Exercices et gammes des tons usités dans l'accompagnement du plain-chant.

Je pense qu'il sera très-utile aux personnes qui veulent accompagner le plain-chant et les cantiques, de leur tracer quelques exercices, ainsi que les gammes les plus usitées sur le plain-chant; afin qu'elles puissent s'habituer à articuler les doigts, et surtout se bien familiariser à faire les cadences. Car, si une fois on sait les faire sans aucune hésitation, et qu'on en comprenne les accords, on saura presque accompagner le plain-chant; puisque c'est presque toujours sur les accords contenus dans ces seules cadences, que se font les accompagnements du plain-chant et des cantiques. (Exercices, Pl. XV, XVI, XVII, XVIII, XIX, XX, Ex. 52°.)

De la manière d'accompagner le plain-chant.

Je crois avoir donné jusqu'ici tous les éléments nécessaires pour qu'on soit à même de comprendre les préceptes qui vont suivre, relativement à la manière d'accompagner le plain-chant et les cantiques. Je me servirai pour cet accompagnement de quelques accords seulement, afin d'être, selon ma promesse, simple, clair et concis.

Avant d'entrer dans les détails de l'accompagnement, je dois dire que tous les modes ou tons du plain-chant peuvent s'accompagner avec les harmonies naturelles de la gamme majeure et de la gamme mineure. Quand même il semble de prime-abord que cela ne doive pas être ainsi, à cause des changements des tons ou des demi-tons qu'on fait dans les gammes des huit modes ou tons du plain-chant, cela peut cependant se faire comme nous allons le voir.

Les huit tons ou modes du plain-chant se composent tous avec les notes de la gamme d'*ut* naturel, en prenant chacune de ces notes pour la première de chaque gamme ou mode du plain-chant: cette note devient alors la tonique. On doit y introduire le *si* bémol dans les cas où le *fa* et le *si* naturel donnent un intervalle de quarte majeure, dit triton, qui est défendu en plain-chant, et cela seulement dans le cas où l'on monte du *fa* au *si*, sans surpasser le *si* en montant. (Pl. XX, Ex. 53°.)

Ainsi le premier ton du plain-chant, qu'on appelle mode dorien, se compose de la gamme *ré, mi, fa, sol, la, si, ut, ré*, dans laquelle on ajoute ordinairement le *si* bémol. (Ex. 54°). Donc ce mode ou ton correspond à la gamme de *ré* mineur moderne, et c'est avec l'harmonie naturelle de la gamme de *ré* mineur qu'elle doit être accompagnée. (Pl. XXI, Ex. 55°.)

Le second ton ou mode du plain-chant, qu'on appelle mode hypo-dorien, c'est-à-dire ton plagal du premier ton, se fait sur la gamme *la, si, ut, ré, mi, fa, sol, la,* à laquelle on met un bémol sur le *si ,* quand il ne monte pas vers l'*ut ,* ou quand il descend. (Ex. 56ᵉ). Mais on doit savoir que cette gamme ne commence pas par la to-nique ; au contraire, elle commence par la cinquième note du ton, qui est le *la.* Le *la* devient la dominante pour l'orgue, qui doit ac-compagner avec la gamme de *ré* mineur dont le *la* est la domi-nante. Seulement, comme le *ré* tonique de cette gamme se trouve quatre notes plus haut, par rapport à la portée musicale , que le *ré* tonique du premier ton , on transpose par le fait le *ré* à la place du *sol ,* vu que du *ré* au *sol* il y a quatre notes. Alors nul doute que le *ré* du second ton du plain-chant ne corresponde au *sol* de l'orgue , et c'est donc avec l'harmonie de la gamme de *sol* mi-neur qu'on doit l'accompagner. (Ex. 57ᵉ.)

Le troisième ton ou mode du plain-chant, appelé mode phry-gien ou second ton authentique, se compose de la gamme *mi, fa, sol, la , si, ut, ré, mi.* (Ex. 58ᵉ.)

La tonique du plain-chant dans cette gamme est le *mi ,* qui est la dominante de *la* mineur pour le ton de l'orgue : donc c'est avec l'harmonie de la gamme de *la* mineur qu'on doit accompagner ce troisième ton ; mais c'est toujours avec l'accord de la dominante *mi ,* qui est la véritable tonique du plain-chant, qu'on doit finir et commencer. (Pl. XXII, Ex. 59ᵉ.)

Le quatrième ton ou mode du plain-chant , qu'on appelle hypo-phrygien ou plagal du troisième ton, se compose de la gamme na-turelle *si, ut, ré, mi, fa, sol, la, si.* (Ex. 60ᵉ). Dans ce ton, la véri-table tonique du plain-chant est le *mi ,* quatrième note de cette gamme, vu qu'elle est toujours la finale. Mais la véritable tonique pour l'accompagnement avec l'orgue , c'est le *la :* donc c'est avec l'harmonie de la gamme de *la* mineur qu'on doit l'accompagner , en finissant toujours par l'accord de *mi ,* qui est la dominante du *la* ton de l'orgue, ainsi que la tonique ou finale du plain-chant. Donc c'est avec l'harmonie de la gamme précédente , c'est-à-dire avec l'harmonie de la gamme du troisième ton, qu'on doit l'accom-pagner.

Le cinquième ton ou mode du plain-chant, qu'on appelle lydien ou ton authentique, se compose de la gamme *ut, ré, mi, fa, sol, la, si, ut.* (Ex. 61ᵉ). Il doit s'accompagner avec l'harmonie de la gamme d'*ut* majeur. (Ex. 62ᵉ.)

Le sixième ton ou mode du plain-chant, qu'on nomme hypo-lydien, se compose de la gamme *fa, sol, la, si* bémol, *ut, ré, mi, fa.* (Pl. XXIII, Ex. 63ᵉ). Il doit s'accompagner avec l'harmonie de la gamme de *fa* majeur (Ex. 64ᵉ.)

Le septième ton du plain-chant, qu'on appelle mode mixo-lydien ou ton authentique, se compose de la gamme *sol, la, si, ut, ré, mi, fa, sol.* (Ex. 65ᵉ). La tonique du septième ton est bien le *sol* pour finir ; mais les pièces de ce ton roulent plutôt sur le ton de *ré* mineur que sur le ton de *sol* majeur, seulement la finale se fait toujours sur le *sol* majeur. C'est donc avec l'harmonie de la gamme de *sol* majeur qu'on doit l'accompagner. (Ex. 66ᵉ.)

Le huitième ton ou mode du plain-chant, appelé mode hypo-mixo-lydien ou plagal du septième ton, se compose de la gamme *ré, mi, fa, sol, la, si, ut, ré.* (Pl. XXIV, Ex. 67ᵉ). Dans ce ton, la véritable tonique, tant sur le plain-chant que sur l'accompagnement de l'orgue, n'est pas le *ré* première note de la gamme ; au contraire, le *ré* est la cinquième note, c'est-à-dire la dominante du ton de *sol* majeur, avec lequel le huitième ton doit être accompagné. Pour l'harmonie de la gamme de *sol* majeur, avec laquelle on doit l'accompagner, elle est la même que celle de la gamme de *sol* du septième ton ci-dessus.

Comme on le voit, les tons ou modes de plain-chant sont tous basés sur une même échelle, celle d'*ut* ; et toutes les autres gammes ou tons se forment avec les notes de la gamme d'*ut*, suivant que le chant est renfermé dans les limites de l'octave de telle ou telle note, comme nous l'avons déjà vu dans les gammes que nous avons données pour les différents tons ou modes.

Ce qu'on doit encore remarquer, c'est que l'étendue du plain-chant ne surpasse pas ordinairement l'étendue des quatre lignes de la portée, et que pour cela on est forcé de changer les notes de leur place, en les mettant tantôt sur une ligne, tantôt sur une autre, au moyen des différentes clefs, ce qui prévient l'inconvénient d'écrire trop en dehors des portées. Ainsi, pour le premier ton, on place la clef d'*ut* sur la quatrième ligne, ce qui donne la tonique *ré* sur la première ligne. (Ex. 68ᵉ). Pour le second ton , on place la clef de *fa* sur la troisième ligne, et le *ré* qui est la tonique se trouve sur la seconde ligne; et le *la*, qui est la première note de la gamme et la quatrième inférieure de la tonique, se trouve au-dessous de la première ligne (Ex. 69ᵉ); et ainsi de suite pour tous les autres.

C'est donc avec le déplacement des huit notes de la gamme d'*ut* qu'on forme tous les tons ou modes du plain-chant ; et c'est encore en renversant les quatre dernières notes des gammes des tons authentiques , c'est-à-dire en commençant par la cinquième note des tons authentiques, qu'on forme les tons plagaux : ainsi , par exemple , en mettant les quatre dernières notes de la gamme du premier ton authentique, qui sont *la, si, ut, ré*, en bas, c'est-à-dire au commencement de la gamme du second ton , qui est le plagal du premier, on forme ce second ton. (Ex. 70ᵉ.)

Comme on le voit , la tonique de ces deux tons pour le plain-chant est le *ré*, vu qu'elle est la finale de tous les deux ; mais le *ré* n'est pas la première note de la gamme de tous les deux , puisque, dans le second ton, le *ré* se trouve quatre notes plus haut que la première note de la gamme : il doit donc correspondre à la quatrième note de la gamme du premier ton qui est le *sol*, et par conséquent c'est en *sol* mineur, et non en *ré* mineur, qu'on doit l'accompagner avec l'orgue; parce que, si on l'accompagnait en *ré* mineur, le ton serait trop bas, vu que la quarte inférieure qui est le *la* correspondrait au-dessous d'une ligne ajoutée, ce qui serait réellement trop bas. (Ex. 71ᵉ.)

La première chose qu'on doit remarquer, c'est de savoir si le ton est trop haut ou trop bas, c'est-à-dire si les notes de la pièce qu'on veut accompagner vont trop haut ou trop bas. Dans le premier cas, on doit baisser le ton d'autant de notes qu'on en voit qui surpassent les lignes ; dans le second, on doit élever le ton d'autant de notes qui sont inférieures aux lignes. Dans le cas où il y aurait en même temps des notes écrites trop haut et d'autres écrites trop bas, ce qui arrive rarement, on partagera le différent, c'est-à-dire que l'on ne baissera que d'une moitié , d'un tiers ou d'un quart les notes qui dépassent les lignes. On fera le contraire quand les pièces qu'on voudra accompagner iront trop bas ; alors on les haussera à proportion. On doit donc faire attention que le plain-chant soit chanté, autant que possible, dans les lignes, et qu'il ne les dépasse jamais que d'une ou deux notes au plus au - dessus de la quatrième et au-dessous de la première. Car le plain-chant est composé pour être chanté à l'unisson avec toutes sortes de voix ; donc, pour l'accompagner, il faut prendre toujours les tons qui ne surpassent pas les limites de la voix en général, c'est-à-dire de la voix du plus grand nombre, dont l'étendue naturelle est limitée à la portée du plain-chant, qui contient huit ou neuf notes.

J'expliquerai plus tard, dans un article spécial, les règles qu'on doit suivre pour cela, quand je traiterai de la manière de transposer les tons. Revenons maintenant à la nomenclature des notes de la gamme, afin qu'on s'habitue à compter et à bien connaître les degrés.

Nous avons dit que la première note de la gamme se nomme tonique ou premier degré ;

La seconde s'appelle second degré ;

La troisième, troisième degré ;

La quatrième, quatrième degré ;

La cinquième, dominante ou cinquième degré ;

La sixième, sixième degré ;

La septième, septième degré, et note sensible quand elle monte vers la tonique. (Ex. 72°.)

La gamme d'un ton quelconque contient toutes les notes sans exception dont se composent les pièces qui appartiennent à ce ton ou gamme. Donc toute musique ou plain-chant, qui appartient à un ton quelconque, peut être accompagné avec les seuls accords qui contiennent entre eux toutes les notes du ton ou gamme dans lequel est écrite la pièce qu'on doit accompagner. Les accords donc qui contiennent toutes les notes d'une gamme ou d'un ton quelconque, sont les trois accords suivants, qu'on appelle accords tonals :

1° L'accord parfait de la tonique, qui contient la tonique, le troisième degré et le cinquième. (Pl. XXV, Ex. 73°.)

2° L'accord de septième de seconde, qui contient le second degré, le quatrième et le sixième. (Ex. 74ᵉ.)

3° L'accord de septième de dominante, qui contient le septième. (Ex. 75ᵉ.)

Comme on le voit :

Le premier accord contient l'*ut* ;

Le second accord contient le *ré* ;

Le premier accord contient le *mi* ;

Le second accord contient le *fa* ;

Le troisième accord contient le *sol* ;

Le second accord contient le *la* ;

Le troisième accord contient le *si*.

Quelquefois on retranche la fondamentale de l'accord de septième de seconde, et alors la fondamentale de l'accord ainsi constitué est le quatrième degré ; et l'accord se compose du quatrième degré, du sixième et de la tonique. Nous parlerons de son emploi. (Ex. 76ᵉ.)

On supprime aussi quelquefois, et même bien souvent, la septième de l'accord de septième de dominante, qui est le quatrième degré, comme le *fa* dans l'accord de la septième de dominante du ton d'*ut*, qui est *sol, si, ré, fa* ; et alors on a tout simplement l'accord parfait de la dominante *sol, si ré* : dans ce cas, nous l'appellerons tout simplement accord de la dominante. Cet accord, on peut l'employer toujours à la place de l'accord de septième de dominante ; mais on doit l'employer dans certains cas, et surtout quand il ne va pas sur l'accord de la tonique. Nous en parlerons plus tard. (Ex. 77ᵉ.)

Quel est le rôle de chacun de ces accords? L'accord de la tonique peut être précédé et suivi de tout autre accord, parce qu'il est l'accord consonnant par excellence ; et il donne un sentiment de repos final qui ne lui fait désirer aucun autre accord, tandis que tous les autres tendent vers lui d'une manière plus ou moins directe. Il n'en est pas ainsi des autres, car ils sont soumis à une marche forcée, sauf dans quelques exceptions que nous donnerons en leur lieu.

Ainsi l'accord dissonnant naturel de septième de seconde doit être suivi de celui de la dominante, sur lequel il a sa marche naturelle, et sur lequel il va se reposer ; car tout accord dissonnant a besoin d'être suivi d'un accord consonnant.

L'accord de septième de dominante va se reposer vers la tonique ; elle est le seul degré qui ait le sentiment de repos absolu ou final.

Donc presque toute l'harmonie des gammes harmoniques ou de tous les tons est basée sur la succession de ces trois accords, c'est-à-dire que les deux accords dissonnants naturels conduisent immédiatement aux deux notes de repos, qui sont :

1° La tonique comme repos absolu, qui est précédée de l'accord dissonnant de la septième de dominante ; et c'est pour cette raison qu'on appelle cet accord : accord caractéristique de la tonalité. En effet, c'est lui qui caractérise le ton, à cause qu'il contient les deux notes tonales, le quatrième et le septième degré, qui attirent vers eux l'accord de la tonique, le quatrième degré par l'attraction du troisième qui est le médium de l'accord de la tonique, et le septième par l'attraction du huitième qui est la tonique ; on appelle l'accord de la tonique qui le suit : accord confirmatif, parce qu'il confirme le ton où l'on est, ou le nouveau ton dans lequel on a passé.

2° La dominante, qui est le second repos. Celle-ci est précédée de l'accord de septième de seconde, dont la dissonnance, qui est le huitième degré, attire vers elle le septième, note du médium de l'accord de la dominante, vers laquelle se fait la résolution.

Voici donc la manière dont ordinairement ces trois accords se succèdent dans leur état fondamental ou dérivé, c'est-à-dire renversé :

1° Tonique, dominante ou septième de dominante, tonique. (Ex. 78°.)

2° Tonique, septième de seconde, dominante, comme repos secondaire. C'est ce que nous verrons dans la règle d'octave en montant, car en descendant l'accord de septième de seconde est modifié. (Pl. XXVI, Ex. 79°.)

C'est donc quand on va de la tonique (1) au quatrième degré,

(1) Quand nous disons tonique ou tout autre degré, nous voulons dire l'accord de la tonique, ou l'accord de tel ou tel degré.

et que de ce dernier on revient à la tonique, qu'on donne au quatrième degré son accord parfait de tierce et quinte (Ex. 80ᵉ) , mais jamais quand le quatrième degré va à la dominante; car, dans ce cas, on doit donner toujours l'accord de septième de seconde au quatrième degré (1).

Somme toute, les deux accords dissonnants naturels ou modifiés conduisent aux deux notes qui finissent les phrases et périodes dans la musique, et les neumes dans le plain-chant : c'est-à-dire, l'accord de septième de seconde, qu'il soit modifié ou transformé , conduit toujours à la dominante qui a le sentiment de repos secondaire qui correspond aux deux points (:); et l'accord de la septième de dominante conduit à la tonique qui a le sentiment de repos final qui correspond au point final (.).

Nous allons donc voir à présent que toutes les notes des tons ou gammes n'ont pas d'accord particulier à elles-mêmes, mais qu'elles dérivent de l'un ou de l'autre des trois accords précités.

Ainsi le troisième degré des gammes n'a point d'accord à lui, et il dérive toujours de l'accord de la tonique.

Le sixième degré non plus n'a pas d'accord à lui, et il dérive de l'accord de la septième de seconde, quand il va vers la dominante ; ou de l'accord du quatrième degré, quand il va immédiatement vers la tonique (2).

Le septième degré dérive toujours de l'accord de la dominante ou de la septième de dominante.

Les notes qui ont un accord particulier à elles, comme la tonique, le second degré, le quatrième et la dominante, font partie , comme celles-ci, d'autres accords, tantôt comme tierce , comme quinte et comme septième. C'est donc la note qui les précède et celle qui les suit qui indiqueront d'une manière positive quel est

---

(1) On appelle cadence plagale le passage immédiat du quatrième au premier degré ; elle s'opère surtout quand ce passage a lieu à la fin d'une phrase, ou d'une pièce de plain-chant ou de musique.

(2) Quand nous disons à la tonique ou à la dominante, nous voulons dire quand il va à la tonique elle-même, ou à une autre note qui dérive de l'accord de la tonique; et quand nous disons à la dominante, c'est aussi vers la dominante elle-même, ou vers une note qui dérive de l'accord de la dominante.

l'accord qu'on doit leur donner. Ainsi l'*ut* ou la tonique peut dériver du quatrième degré comme quinte, et de l'accord de septième de seconde comme septième. (Ex. 81°.)

Le *ré*, ou second degré, peut dériver et dérive le plus souvent de l'accord de la dominante ou septième de dominante comme quinte. (Ex. 82°.)

Le *fa*, ou quatrième degré, peut dériver de l'accord de la septième de seconde comme tierce, et de l'accord de la septième de dominante comme septième. (Pl. XXVII, Ex. 83°.)

Le *sol*, dominante ou cinquième degré, peut dériver de l'accord de la tonique comme quinte. (Ex. 84°.)

Nous avons déjà dit que les accords de trois sons peuvent se présenter de trois manières différentes, c'est-à-dire que l'accord se présente différemment chaque fois qu'on change la note qui était à la basse ; quant aux notes des parties hautes, leur changement ne fait rien à l'accord, et c'est le seul changement de la note de la basse qui forme les renversements ou accords dérivés.

Ainsi donc l'accord de la tonique, qui est un accord de trois sons, peut se présenter : 1° dans son état fondamental de tierce et quinte, quand la tonique est à la basse, comme *ut, mi, sol;* 2° dans le premier renversement de tierce et sixte, quand la tierce de l'accord, qui est le troisième degré, est à la basse ; 3° dans son second renversement ou dérivé de quarte et sixte, quand la quinte de l'accord, qui est le cinquième degré, est à la basse. (Ex. 85°.)

Les accords de quatre sons peuvent se présenter de quatre manières différentes : 1° dans leur état fondamental de tierce, quinte et septième, quand la fondamentale est à la basse, comme *sol, si, ré, fa*, dans l'accord de septième de dominante ; 2° dans son premier renversement ou dérivé de tierce, quinte et sixte, quand la tierce de l'accord est à la basse, comme *si, ré, fa, sol*, dans l'accord de septième de dominante ; 3° dans son second renversement ou dérivé de tierce, quarte et sixte, quand la quinte de l'accord est à la basse, comme le *ré* dans l'accord précité ; 4° dans son troisième renversement ou dérivé de seconde, quarte et sixte, quand la septième de l'accord est à la basse, comme le *fa* dans l'accord susdit. (Ex. 86°.)

Nous allons maintenant voir comment on peut accompagner le plain-chant et les cantiques, non d'une manière savante, parce que cela ne saurait convenir aux personnes à qui j'adresse cet ouvrage, mais d'une manière simple et la plus claire possible , afin qu'elles puissent me comprendre et se servir de ce petit travail.

Nous avons déjà dit que la tonalité consiste dans les deux gammes, dont l'une majeure et l'autre mineure, et que tous les modes ou tons du plain-chant et toutes les pièces de musique sont composés sur le modèle de l'une ou l'autre de ces deux gammes. La chose étant ainsi, nous allons commencer par expliquer les accords qu'en général porte chacune de leurs notes , et nous prendrons pour modèle les deux gammes naturelles, c'est - à - dire la gamme d'*ut* majeur et celle de *la* mineur, qui sont le prototype de toutes les autres. On fera bien attention, afin de pouvoir retenir et se rendre un compte bien exact des accords que porte chacune de leurs notes, quand elles ont leurs accords fondamentaux, ou quand leurs accords sont dérivés ; et aussi quelles sont les notes sur lesquelles on place les accords consonnants parfaits , et quelles sont celles sur lesquelles on place les accords dissonnants.

Règle d'octave, ou harmonie de la gamme d'UT majeur. (Pl. XXVIII, Ex. 87*e*.)

Comme on le voit, à *ut* qui est la tonique ou premier degré , on a donné son accord fondamental de tierce et quinte, *ut, mi, sol.*

Au *ré*, second degré, qui est précédé de la tonique et suivi du *mi* qui dérive de l'accord de la tonique, on a donné l'accord de septième de dominante dans son second renversement, parce que le *ré* monte vers le *mi* qui dérive de l'accord de la tonique.

Au *mi*, qui est le troisième degré, on donne l'accord de la tonique, parce qu'il dérive de ce dernier.

Au *fa*, qui est le quatrième degré et qui est précédé du troisième, c'est-à-dire de l'accord de la tonique, et qui monte vers la dominante, on donne le premier renversement ou dérivé de l'accord de septième de seconde, parce qu'il monte vers la dominante.

Au *sol*, qui est la dominante ou cinquième degré , on donne son accord fondamental de tierce et quinte, parce qu'il vient après l'accord de septième de seconde, dont le *fa* dérive dans ce cas.

Au *la*, sixième degré, qui est précédé de la dominante et suivi du septième degré qui dérive de l'accord de la septième de dominante, on donne l'accord de septième de seconde dans son second renversement , parce qu'il est suivi du septième degré qui dérive de l'accord de la septième de dominante.

Au *si*, septième degré, qui est précédé du sixième et suivi de la tonique , on donne l'accord de la septième de dominante , c'est-à-dire le premier renversement.

A l'*ut*, qui est le huitième degré et qui est précédé du septième , on donne l'accord de la tonique.

En descendant :

On donne au huitième degré l'accord fondamental de la tonique.

Au *si* , septième degré, et qui est suivi du sixième , on donne l'accord de la dominante , c'est-à-dire le premier dérivé de la dominante , sans doubler le septième degré , mais en doublant le second .

Au *la* , sixième degré, qui est suivi de la dominante et précédé du septième, on donne l'accord de la septième de seconde modifié, c'est-à-dire l'accord de septième de seconde avec le quatrième degré haussé d'un demi-ton , ce qui le transforme en accord de septième de dominante du *sol*, qui momentanément devient tonique, vu qu'on module en *sol*, à cause du repos qu'on fait sur cette note. Nous appellerons l'accord de septième de seconde accord modifié, toutes les fois que, par suite de sa modulation à la dominante , on sera forcé de hausser d'un demi-ton sa tierce , qui est le quatrième degré; ce qui le transforme de suite en septième de dominante de la dominante. On doit savoir, une fois pour toutes, que cela a lieu chaque fois qu'on descend de l'octave de la tonique à la dominante par mouvement conjoint, comme *ut* , *si* , *la* , *sol*, ou par mouvement disjoint, *ut, la, sol*, et qu'on vient se reposer sur la dominante qui est le *sol* en ton d'*ut ;* parce que , dans ces deux cas, il y a nécessité de donner au quatrième degré un mouvement ascendant attractif vers le cinquième, ce qu'on peut voir sur la règle d'octave.

Au *sol*, cinquième degré, qui vient après le sixième portant lui-même l'accord de septième de seconde modifié, et transformé par conséquent en accord de septième de dominante du ton de *sol*, on donne son accord parfait de tierce et quinte.

Le *fa*, quatrième degré, arrivant après le cinquième ou dominante et suivi du *mi*, troisième degré, qui dérive de l'accord de la tonique, doit être ajouté à l'accord de la dominante avec lequel il forme de nouveau l'accord caractéristique de septième de dominante du ton primitif, c'est-à-dire du ton d'*ut* dans lequel on rentre par ce moyen.

Au *mi*, qui est le troisième degré, et qui est précédé du *fa* qui est le quatrième, on donne l'accord de la tonique dans son premier renversement.

Au *ré*, qui est le second degré, et qui va vers le premier qui est la tonique, on donne le second renversement de l'accord de septième de dominante.

A l'*ut*, qui est le premier degré ou la tonique, on donne son accord parfait ou fondamental de tierce et quinte.

Règle d'octave, ou harmonie de la gamme mineure. (Ex. 88e.)

La gamme mineure porte dans les mêmes degrés les mêmes accords que la gamme majeure, sauf le septième degré en descendant qui porte l'accord de la dominante avec tierce mineure, à cause du septième degré qu'on met dans son ton naturel en sortant l'accident qu'il avait.

Ainsi la tonique ou premier degré, et le troisième, portent l'accord de la tonique;

Le second et le septième degré, l'accord de septième de dominante;

Le quatrième et le sixième, l'accord de septième de seconde, sans faire attention à l'accident du sixième degré, parce qu'il n'est que transitoire et ne modifie que le sixième degré et non l'accord.

Le cinquième degré porte l'accord parfait ou fondamental de la dominante.

Au huitième degré qui est l'octave de la tonique, on donne l'accord fondamental de la tonique.

En descendant :

Au septième degré que l'on met dans son ton naturel, c'est-à-dire auquel on enlève l'accident, on donne l'accord de la dominante dans son premier renversement. Dans ce cas, le septième degré perd le caractère de note sensible, parce qu'entre lui et le huitième il y a un ton et non un demi-ton.

Au sixième degré, on donne l'accord de septième de seconde modifié, c'est-à-dire avec le quatrième degré haussé d'un demi-ton ; ce qui transforme cet accord en accord caractéristique de septième de dominante de la dominante, comme cela arrive dans le sixième degré de la gamme majeure en descendant.

Au cinquième degré ou dominante, on donne son accord parfait ou fondamental de tierce et quinte.

Le quatrième degré, on le fait passer sur l'accord de la dominante qui se transforme par là en accord caractéristique de septième de dominante du ton de la gamme, c'est-à-dire qu'il sert à faire retour au ton primitif, après avoir modulé au ton de la dominante.

Au troisième degré, on donne l'accord de la tonique dans son premier renversement.

Au second, on donne l'accord de la septième de dominante dans son second renversement.

Au premier ou tonique, on donne son accord parfait ou fondamental de tierce et quinte.

Nous ne parlerons plus des renversements des accords, parce que cela serait difficile à bien saisir pour les personnes à qui je m'adresse ; j'ai expliqué les renversements des accords, afin de faire connaître ce que c'était qu'un accord fondamental et un accord renversé. Mais désormais, quand une note quelconque devra porter son accord fondamental, je dirai simplement qu'on doit lui donner son accord ; et quand elle devra dériver de l'accord d'une autre note, je dirai qu'on doit lui donner l'accord de telle note : car je ne désignerai les accords par d'autre nom que par celui de leur fondamentale. Ainsi, quand on aura un troisième degré, comme, par exemple, le *mi* dans le ton d'*ut*, je dirai qu'il faut lui donner l'accord de la tonique, *ut, mi, sol* ; et au second degré, quand il sera suivi du premier ou du troisième, comme *ré, mi*, ou *ré, ut*, je dirai qu'on doit lui donner l'accord de la septième de dominante , sans prendre garde à la manière dont on place les notes de l'accord, pourvu qu'elles y soient toutes.

De cette manière, la difficulté est tranchée; seulement on doit faire tout son possible pour bien connaître les accords et leurs fondamentales, et surtout bien se rappeler à quel degré de la gamme appartiennent les notes, afin de pouvoir leur donner l'accord qui leur convient, selon ce que nous avons vu dans la règle d'octave majeure et mineure, et comme on le verra dans les explications complémentaires que je vais donner, et auxquelles on doit prêter toute son attention.

Comme nous l'avons déjà dit , les notes des tons se comptent toujours par les degrés différents qu'elles occupent dans la gamme du ton sur lequel est composée la pièce qui doit être accompagnée. Mais ce n'est pas dans la gamme du ton du plain-chant qu'il faut les considérer , mais bien dans le ton de l'orgue ou ton musical ; parce que très-souvent le ton du plain-chant n'est pas le ton de l'orgue , et les finales des gammes du plain-chant ne sont pas toujours la tonique pour l'orgue , comme cela arrive dans le troisième et le quatrième ton du plain-chant. On doit, en effet, les accompagner tous les deux avec le ton de *la* mineur, et finir avec le ton de *mi* majeur, qui est la dominante du ton de *la* mineur, et la tonique du ton du plain-chant.

Règles pour bien connaître et savoir l'accord qu'on doit donner à chaque note.

A la tonique ou premier degré , on donne toujours son accord parfait ou fondamental de tierce et quinte. (Pl. XXIX, Ex. 89e.)

Au second degré, quand il est suivi du troisième ou qu'il fait re-tour à la tonique, comme *ré*, *mi*, ou *ré*, *ut*, on donne l'accord de la septième de la dominante. (Ex. 90e.)

Quand le second degré est suivi de la dominante ou cinquième degré, comme *ré*, *sol*, on lui donne dans ce cas l'accord naturel de septième de seconde, comme *ré*, *fa*, *la*, *ut*, ou modifié, comme *ré*, *fa* dièse, *la*, *ut*. (Ex. 91e.)

Quand le second degré est suivi du quatrième, comme *ré*, *fa*, et qu'après le *fa* vient le *mi*, qui est le troisième, on lui donne l'ac-cord de septième de dominante, auquel le *fa* quatrième degré appartient. (Ex. 92e.)

Quand le second degré est suivi du quatrième tout seul, ou du quatrième et sixième qui sont suivis de la dominante, comme *ré*, *fa*, *la*, *sol*, ou *ré*, *la*, on lui donne l'accord de septième de seconde. (Pl. XXX, Ex. 93e.)

Mais si le second degré se trouve plus haut que le sixième, et qu'il soit suivi du sixième descendant à la dominante, comme *ré*, *la*, *sol*, alors on donne au second degré l'accord de la dominante, comme *sol*, *si*, *ré*; et au *la*, qui est le sixième degré, on donne l'accord de la septième de seconde modifié, comme *ré*, *fa* dièse, *la* *ut*, parce que dans ce cas on fait une petite transition à la domi-nante *sol*. (Ex. 94e.)

Quand le second degré est suivi du septième, comme *ré*, *si*, et que le *si* monte vers l'*ut*, comme *ré*, *si*, *ut*, on lui donne l'accord de septième de dominante; et si le *si* ou septième degré est suivi du sixième, comme *ré*, *si*, *la*, on leur donne aussi l'accord de septième de dominante. (Ex. 95e.)

Au troisième degré, on donne toujours l'accord de la tonique, sauf dans quelques cas exceptionnels que nous expliquerons plus tard. (Pl. XXXI, Ex. 96e.)

Au quatrième degré, quand il est précédé de la tonique ou du troisième degré, et qu'il est suivi de l'un ou de l'autre de ces deux degrés, comme *ut*, *fa*, *mi* ou *ut*, ou *mi*, *fa*, *mi* ou *ut*, on lui donne son accord parfait ou fondamental de tierce et quinte, *fa*, *la*, *ut*. (Ex. 97e.)

Quand le quatrième degré est précédé de la tonique ou du troisième degré, et suivi de la dominante, comme *ut* ou *mi*, *fa*, *sol*, on lui donne l'accord de septième de seconde. (Ex. 98*e*.)

Quand il est précédé du second et suivi du troisième ou de la tonique, comme *ré*, *fa*, *mi* ou *ut*, on lui donne l'accord de septième de dominante, c'est-à-dire qu'il passe sur l'accord de la septième de dominante qu'on avait déjà donné au second. (Ex. 99*e*.)

Quand il est précédé du sixième et suivi de la dominante, comme *fa*, *la*, *sol*, on lui donne l'accord de septième de seconde. Mais comme ordinairement, dans ce cas, on fait le *fa* dièse, alors on lui donne ce même accord modifié avec le *fa* dièse. (Ex. 100*e*.)

Quand le quatrième degré est précédé du sixième, et le quatrième suivi du troisième, comme *la*, *fa*, *mi*, on donne au sixième et au quatrième l'accord du quatrième degré, comme *fa*, *la*, *ut*, et au troisième l'accord de la tonique.

Exemple.

4e deg.   Ton.

6   5   6
5   3   5

6e d. 4e d. 5e d.

Au cinquième degré ou à la dominante, quand elle est précédée du premier ou du troisième degré, et suivie de l'un ou de l'autre de ces deux degrés, comme *ut* ou *mi*, *sol*, *mi* ou *ut*, on lui donne ordinairement l'accord de septième de dominante ; cependant on peut lui conserver l'accord de la tonique. (Pl. XXXII, Ex. 101*e*.)

Quand la dominante ou cinquième degré est précédée du second, ou du quatrième, ou du sixième, comme *ré* ou *fa*, ou *la*, *sol*, on lui donne l'accord de la dominante. (Ex. 102*e*.)

Quand la dominante ou cinquième degré est précédée du quatrième, et que la dominante se répète deux fois, comme *fa*, *sol*, *sol*, et qu'elle est suivie de la tonique, on donne l'accord de la tonique à la première, et celui de la septième de dominante à la seconde. Cela se pratique ordinairement quand on fait la cadence parfaite, comme on peut s'en convaincre en examinant les cadences parfaites que nous avons données à la fin de chaque gamme. (Ex. 103*e*.)

Au sixième degré, quand il est précédé de l'octave de la tonique et qu'il est suivi de la dominante, on peut lui donner son accord parfait de tierce et quinte ; ce qui fait de suite un changement de ton au ton mineur relatif, comme *la, ut, mi*. Eh bien ! l'accord parfait mineur de *la* produit sans doute un changement de ton, parce que, dans le ton majeur, le sixième degré n'a point d'accord, comme nous l'avons déjà dit. Mais ordinairement, dans ce cas, on donne au sixième degré l'accord de septième de seconde modifié. (Ex. 104e.)

Qnand le sixième degré est précédé du second ou du quatrième et suivi de la dominante, comme *ré, la, sol*, on donne au *ré* l'accord de septième de seconde, sur lequel le sixième degré passe. (Pl. XXXIII, Ex. 105e.)

Quand le sixième degré est précédé du troisième et suivi de celui-ci, comme *mi, la, mi*, on lui donne l'accord du quatrième degré, *fa, la, ut*. (Ex. 106e.)

Quand le sixième degré est précédé du troisième et qu'il est suivi de la dominante, comme *mi, la, sol*, on lui donne l'accord de septième de seconde. (Ex. 107e.)

Quand le sixième degré est précédé du premier ou du troisième et qu'il est suivi du quatrième, et celui-ci suivi du premier ou du troisième, comme *ut* ou *mi, la, fa, mi* ou *ut*, on donne au sixième et au quatrième l'accord du quatrième degré, *fa, la, ut*, et au troisième l'accord de la tonique.

Exemple.

Au septième degré, quand il monte vers le huitième ou la tonique, comme *si, ut*, on donne toujours l'accord de septième de dominante. *sol, si, ré, fa* ; mais quand il descend vers le sixième degré, on lui donne tout simplement l'accord de la dominante, *sol*, *si*, *ré*. (Ex. 108ᵉ.)

OBSERVATION.

On doit observer que , dans tous les tons , chaque degré porte toujours le même accord, et c'est celui que nous leur avons donné en expliquant la règle d'octave pour la gamme d'*ut* et de *la* mineur. J'ai donné les exemples avec les notes de ces deux gammes, parce qu'elles sont les plus faciles à comprendre.

Pour les autres tons, il faudra bien faire attention quels sont les degrés qui doivent porter des dièses ou des bémols , selon le ton ou gamme à laquelle ils appartiennent; car les dièses et les bémols que les tons portent à la clef sont des notes naturelles à ces tons. Comme aussi l'on ne manquera pas d'élever d'un demi-ton le septième degré des tons mineurs dans les accords où il doit monter à la tonique , et surtout dans les cadences finales.

De la Modulation.

Dans le plain-chant comme dans la musique , il arrive presque toujours que , dans le courant des pièces , on change très - souvent de ton ; par conséquent , on doit accompagner le chant ou la musique avec l'harmonie qui correspond à chacun des degrés du ton ou gamme dans lequel on est allé. Si l'on reste dans ce nouveau ton pendant une phrase entière en musique ou tout un neume en plain-chant, c'est ce qu'on appelle modulation en tel ou tel ton. Si , au contraire, le changement de ton ne dure qu'une ou deux notes, on l'appelle transition. La modulation et la transition s'opèrent donc de deux manières différentes : la première , en attaquant l'accord de la nouvelle tonique sans aucune préparation, c'est-à-dire sans le faire précéder de son accord caractéristique de septième de dominante ; la seconde, en préparant le changement de ton , c'esta-dire en attaquant en premier lieu l'accord caractéristique de la septième de dominante du ton dans lequel on doit aller , ce qu'on appelle préparer la modulation, et en faisant suivre immédiatement l'accord confirmatif de la tonique; et alors tous les degrés se comptent à partir de la nouvelle tonique. Le premier cas s'appelle changer de ton, et le second moduler.

Les tons dans lesquels on module ordinairement dans le plain-chant sont :

1° De la tonique à la dominante, et de celle-ci on peut passer à son ton relatif mineur; de celui-ci au ton relatif mineur du ton primitif, pour faire retour à la tonique.

2° On module de la tonique au quatrième degré, de celui-ci on passe à son ton relatif mineur, puis au ton relatif du ton primitif , pour revenir après ce dernier au ton principal.

3° On passe du ton majeur à son ton relatif mineur, et *vice versâ* du ton mineur à son ton relatif majeur. (Pl. XXXIV , XXXV , XXXVI, XXXVII, XXXVIII, Ex. 109ᵉ.)

Analyse de l'Exemple.

Comme on le voit, cette pièce du plain-chant est composée sur le premier ton ou mode du plain-chant , et par conséquent en *ré* mineur pour l'orgue, jusqu'à la note 5 où l'on fait une modulation en *ut* majeur : c'est-à-dire qu'on transforme le *ré* n° 5, qui était la tonique, en second degré du ton d'*ut*, et on lui donne l'accord caractéristique de septième de dominante du ton d'*ut*; et à l'*ut* n° 6 on donne l'accord confirmatif de la tonique : dès ce moment on compte les degrés des notes dans la gamme d'*ut*, et on leur donne leurs accords respectifs, comme on peut le voir à la marque des degrés que j'ai mise au-dessous des notes du chant. On y voit, en effet, que le *ré*, qui était marqué premier degré du ton de *ré*, se change tout de suite en deuxième degré du ton d'*ut*; et qu'en partant de là, tous les degrés prennent le nombre et le rang qu'ils ont de la gamme d'*ut* jusqu'à la note n° 16 , où l'on fait un changement de ton en *fa* majeur: *ut*, qui était la tonique, se transforme tout de suite en cinquième degré ou dominante du ton de *fa* majeur, et dès ce moment toutes les notes prennent leur rang et le nombre du degré qui leur correspond, à partir du *fa* qui est le premier ou la tonique; on continue jusqu'à la note nº 21, où l'on fait retour au ton primitif de *ré* mineur, en donnant à cette note l'accord caractéristique de septième de dominante du ton de *ré* mineur. En effet, cette note, de septième degré du ton de *fa* majeur qu'elle était, se transforme de suite en second degré du ton de *ré* mineur, auquel on donne l'accord caractéristique de septième de dominante, parce qu'il va vers le *ré*, auquel on donne l'accord confirmatif de la tonique : dès ce moment les notes prennent leur rang dans les degrés de la gamme de *ré* mineur, en partant du *ré*, qui est la tonique ou première ; et l'on continue à accompagner dans ce ton jusqu'à la note nº 30, où l'on fait un changement de ton en *fa* majeur, en transformant la tonique *ré* en sixième degré de la gamme de *fa* majeur, et en lui donnant l'accord du quatrième degré, parce qu'il va vers le troisième qui dérive de la tonique. Dès lors tous les degrés prennent leur rang dans la gamme de *fa* majeur, c'est-à-dire à partir du *fa*, qui est la tonique ou premier degré.

Les degrés prennent les nombres *fa* premier, *sol* deuxième, *la* troisième, et ainsi de suite ; et l'on doit donner à chacun de ces degrés l'accord qui lui convient, d'après la note qui le precède et celle qui le suit, comme nous l'avons expliqué plus haut. A la note nº 39, on fait une modulation ou retour au ton primitif de *ré* mineur ; et le *la*, qui était le troisième degré du ton de *fa* majeur, se transforme de suite en cinquième degré ou dominante du ton de *ré* mineur ; on donne alors au *la*, transformé en dominante du ton de *ré* mineur, l'accord de septième de dominante de ce ton, pour le faire suivre immédiatement de l'accord confirmatif de la tonique. Le *sol*, étant le quatrième degré, passe sur l'accord de la septième de dominante. Dès ce moment tous les intervalles prennent le caractère, le numéro d'ordre de la gamme de *ré* mineur, c'est-à-dire *ré* tonique ou premier degré, *mi* second degré, et ainsi de suite. A la note nº 55, on fait un changement de ton en *la* mineur dominante de *ré* mineur. Comme on attaque de suite l'accord de la tonique, tous les autres degrés prennent leur rang d'ordre de la

gamme de *la* : c'est-à-dire que *la* est le premier degré ou la tonique , *si* le second , et ainsi de suite ; et pour les accords qu'on doit
donner à chacun, on doit se conformer à ce que nous avons dit. A
la note n° 65 , on fait retour en *ré* mineur; et le *la* , qui était la
tonique de la modulation précédente , se transforme en dominante
du ton de *ré* mineur, et on lui donne par conséquent son accord
de dominante , auquel le *sol* , qui s'est transformé en quatrième
degré , s'ajoute et forme l'accord caractéristique de septième
de dominante du ton de *ré* mineur , auquel on fait retour. A la
note n° 69 , on fait une modulation en *fa* majeur, en transformant
l'*ut*, qui était le septième degré du ton de *ré* mineur, en cinquième
degré ou dominante du ton de *fa* majeur ; et . dès ce moment, tous
les autres degrés se transforment et prennent leur rang d'ordre de
la gamme de *fa* : c'est-à-dire que le *fa* est le premier degré ou la
tonique, le *sol* le second degré, et ainsi des autres. A la note n° 76,
on fait une modulation en *ré* mineur, ton primitif, en changeant le
mi, qui était la septième note ou degré du ton de *fa* , en seconde
note ou second degré du ton de *ré* mineur ; et dès lors, comme on
le sait déjà, toutes les notes appartiennent au ton ou gamme de *ré*
mineur. A la note n° 92, on fait un changement du ton en *fa* majeur, en transformant le *la*, qui était le cinquième degré ou dominante du ton de *ré* mineur , en troisième degré du ton de *fa* majeur ; et on donne au *la*, transformé en troisième degré, l'accord de
la tonique : tous les degrés dès lors appartiennent à la gamme ou ton
de *fa* majeur, et on leur donne les accords qui leur conviennent. A
la note n° 101, on fait une modulation en *la* mineur, en transformant le *sol* , qui était le second degré du ton de *fa* majeur, en septième degré du ton de *la* mineur ; et dès ce moment tous les degrés appartiennent au ton de *la* mineur , et prennent leur rang de
cette gamme , c'est-à-dire à partir du *la*, qui est le premier degré.
A la note n° 111, on fait une modulation en *ré* mineur, en transformant le *la*, qui était la tonique, en cinquième degré ou dominante
du ton de *ré* mineur ; et dès lors tous les degrés appartiennent à la
gamme du ton de *ré* mineur, et se comptent à partir du *ré*, qui est
le premier degré ou la tonique. A la note n° 120. on fait une modulation en *la* mineur, c'est-à-dire à la dominante de *ré* mineur, en

ransformant le *si*, qui était le sixième degré du ton ou gamme de *ré* mineur, en second degré de *la* mineur ; et dès lors tous les degrés sont changés et appartiennent à la gamme ou ton de *la* mineur. A la note n° 123, on fait un retour en *ré* mineur, en transformant le *sol*, qui était la septième note du ton ou gamme de *la* mineur, en quatrième degré du ton ou gamme de *ré* mineur ; et, dès ce moment, tous les degrés appartiennent au ton ou gamme de *ré* mineur. A la note n° 132, on module en *fa* majeur, et l'on transforme l'*ut*, qui était le septième degré du ton ou gamme de *ré* mineur, en cinquième ou dominante du ton de *fa* majeur ; et, dès ce moment, tous les degrés se comptent et portent les accords du ton ou gamme de *fa* majeur. A la note n° 148, on module encore en *ré* mineur, en transformant le *si* bémol, qui était le quatrième degré du ton de *fa*, en sixième du ton de *ré* mineur ; et, dès ce moment, tous les degrés appartiennent à ce ton ou gamme jusqu'à la fin.

Par cette analyse, on voit que ce morceau de plain-chant est composé, en premier et en dernier lieu, dans le premier ton ou mode du plain-chant, et dans le ton de *ré* mineur pour l'orgue ; ce qui fait qu'on dit qu'il est en *ré* mineur, bien qu'il touche à plusieurs autres tons. Ainsi, en premier lieu, il passe une fois en *ut* majeur, cinq fois en *fa* majeur, trois fois en *la* mineur, et il reste sept fois dans le ton *ré* mineur, ton primitif. Comme on le voit, toujours on fait retour au ton de *ré*, qui est le ton principal ; et on module plus souvent dans le ton de *fa* majeur, qui est le ton relatif majeur de *ré* mineur. On voit aussi que, dès qu'on fait une modulation ou un changement de ton, on accompagne tous les degrés ou notes avec les harmonies ou accords qui leur correspondent, d'après la note qui les précède et celle qui les suit, considérant à quel degré du nouveau ton ou gamme appartiennent ces notes.

De la manière dont s'opèrent les modulations ou changements de ton dans le courant des pièces du plain-chant ou de la musique.

Comment s'opèrent ces modulations ou changements de ton

dans le courant des pièces de plain-chant et de musique? Ici, il faut toute l'attention du lecteur; car sans cela il ne pourra comprendre ce chapitre, qui est le plus épineux de tous.

Les modulations ou changements de ton dans les pièces de plain-chant, comme dans celles de la musique, s'opèrent avec l'introduction de certaines notes étrangères au ton où l'on est, qui, en altérant le sentiment tonal de ces notes, les mettent en contact immédiat avec un autre ton. Ces notes sont le quatrième et le septième degré, qu'on appelle notes tonales, parce que ce sont elles qui caractérisent le ton par leur tendance tonale d'aller, le septième degré vers la tonique, et le quatrième degré vers le troisième, qui est la note du milieu de l'accord de la tonique. Donc ces deux degrés ou notes ne peuvent s'altérer sans qu'on se mette en contact immédiat avec un autre ton ; car, dès qu'on altère l'une ou l'autre de ces notes, son caractère tonal est changé, et il prend le caractère tonal du nouveau ton. Ainsi le quatrième degré ne peut être altéré qu'en montant, c'est-à-dire qu'il ne peut être que haussé d'un demi-ton au moyen d'un dièse, ce qui le transforme tout de suite, de quatrième degré qu'il était sans l'altération, en septième degré du ton nouveau, qui est celui du cinquième degré ou dominante du ton où l'on était. Ainsi, si, étant dans le ton d'*ut* majeur, on met un dièse sur le *fa*, qui est la note tonale de quatrième degré du ton d'*ut*, il se transforme en note tonale de septième degré du ton de *sol*, qui est la dominante ou cinquième degré du ton d'*ut* : dès lors le *fa* dièse, au lieu d'être un quatrième degré, est le septième, et le *sol* sera, par conséquent, la tonique ou premier degré ; et si l'on altère le septième degré, qui est la seconde note tonale, comme ce degré ne peut être altéré qu'en descendant, c'est-à-dire avec un bémol, alors son caractère tonal de septième degré se change de suite en caractère tonal du quatrième degré du ton nouveau : c'est-à-dire que, dans ce cas, la tonique nouvelle se trouve quatre notes plus bas que le bémol qu'on a mis au septième ; et comme la quatrième note au-dessous du bémol qu'on a mis au septième degré est le quatrième degré du ton où l'on était avant de mettre le bémol, on dit alors qu'on module au quatrième degré ou sous-dominante. Comme si, par exemple, étant dans le ton d'*ut* majeur, nous mettons un bémol sur le *si*, nous lui changeons de suite le caractère tonal de septième degré du ton d'*ut*, en caractère tonal de quatrième degré du ton de *fa* majeur ; et dès lors le *si* bémol sera le quatrième degré du ton de *fa*, et le *fa* le premier ou la tonique.

Comme on le voit, des deux notes tonales, la première, qui est le quatrième degré, se transforme, quand on l'altère, en septième degré, et conduit au ton de la dominante ; et la seconde, qui est le septième degré, étant altérée, se transforme en quatrième degré, et conduit au ton de la sous-dominante ou quatrième degré. De plus, on doit remarquer que le changement des notes tonales se fait, pour l'une et pour l'autre, d'une manière tout-à-fait opposée : c'est-à-dire que la première note tonale, qui avait un caractère tonal descendant, prend un caractère tonal ascendant, et, par conséquent, engendre la modulation avec des dièses ; tandis que la seconde note tonale, qui avait un caractère ascendant, prend un caractère descendant, et engendre la modulation avec des bémols.

1° MODULATION A LA DOMINANTE.

Pour passer ou moduler du ton de la tonique où l'on est à celui de la dominante ou cinquième degré, il n'y a qu'à prendre l'accord de septième de seconde du ton où l'on est, et élever d'un demi-ton la tierce de cet accord, qui est le quatrième degré. Alors cet accord, ainsi altéré, se transforme en accord caractéristique de septième de dominante de la dominante du ton dans lequel on était; puis on fait suivre cet accord de l'accord confirmatif de la dominante ou cinquième degré, qui s'est transformé en nouvelle tonique ; et dès lors tous les degrés sont transformés en degrés du nouveau ton : c'est-à-dire que le quatrième degré s'est transformé en septième, et le cinquième ou dominante en tonique ou premier degré, le sixième en second, et ainsi de suite pour les autres. Par exemple, si, étant dans le ton d'*ut*, nous voulons passer dans le ton de *sol*, qui est la dominante ou cinquième degré du ton d'*ut*, nous n'avons qu'à prendre l'accord de septième de seconde *ré, fa, la, ut*, et mettre un dièse sur le *fa*, qui est la première note tonale du ton d'*ut* transformé en note tonale de septième degré du ton de *sol*; ce qui transforme cet accord de septième de seconde, du ton d'*ut* qu'il était, en septième de dominante du ton de *sol*, qu'on fait suivre de l'accord de la tonique nouvelle *sol*, *si*, *ré*; et, dès ce moment, tous les degrés sont changés et prennent leur rang d'ordre et caractère du ton de *sol*. (Pl. XXXIX, Ex. 110°). Alors on donne à chaque nouveau degré l'accord qui lui convient, selon qu'il est précédé ou suivi de tel ou tel autre, d'après les règles que nous avons développées; et, comme on le voit dans l'exemple précédent sur le *ré* n°10, on transforme l'accord de septième de seconde du ton d'*ut*, *ré*, *fa*, *la*, *ut* du *ré* n° 9, en accord de septième de dominante du ton de *sol*, qui est *ré*, *fa* dièse, *la*, *ut*, suivi de l'accord de *sol*, nouvelle tonique. Dès ce moment tous les degrés se comptent à partir de la tonique *sol*, qui, de cinquième degré qu'il était, s'est transformé en premier jusqu'à la note n° 18, qui est un *fa* naturel, et qui, par conséquent, reprend son caractère tonal primitif de quatrième degré du ton d'*ut* majeur; et, à partir de ce *fa* auquel on donne l'accord caractéristique de septième de dominante du ton d'*ut*, toutes les notes reprennent le caractère et le nom des degrés de la gamme ou ton d'*ut*, comme on le voit dans l'exemple précédent, à partir de la note n° 18, qui est un *fa* naturel.

2° MODULATION AU QUATRIÈME DEGRÉ OU A LA SOUS-DOMINANTE.

Pour moduler de la tonique au quatrième degré ou à la sous-dominante, on ne fait autre chose que changer l'accord de la tonique où l'on est en accord de septième de dominante du quatrième degré ou sous-dominante, ce qu'on fait en ajoutant à l'accord de la tonique le septième degré baissé d'un demi-ton; ce qui transforme ce degré, qui était la seconde note tonale de septième degré, en première note tonale de quatrième degré du ton de la sous-dominante ou quatrième degré du ton où l'on était; on fait ensuite suivre cet accord de l'accord confirmatif du quatrième degré ou sous-dominante, qui s'est transformé en accord de la nouvelle tonique : alors toutes les notes prennent leur caractère et leur rang de degrés, en se basant sur la nouvelle tonique.

Ainsi, par exemple, si, étant dans le ton d'*ut* majeur, nous voulons passer dans le ton de *fa* majeur, qui est le quatrième degré ou sous-dominante, nous n'avons autre chose à faire qu'à ajouter le *si* bémol à l'accord de la tonique *ut*, *mi*, *sol*; ce qui transformera cet accord *ut*, *mi*, *sol*, *si* bémol, en accord caractéristique de septième de dominante du ton de *fa* majeur, auquel on fait succéder l'accord *fa*, *la*, *ut*, accord confirmatif de la tonique : dès ce moment toutes les notes changent le nom des degrés du ton d'*ut*, pour prendre le nom et la qualité des degrés ou gamme de *fa*, jusqu'au moment où l'on fait retour au ton d'*ut*. (Ex. 111e.) Ainsi, à chaque degré transformé en degré du ton ou gamme de *fa*, on donnera l'accord qui lui convient, selon qu'il sera précédé et suivi de tel ou tel autre, conformément aux règles que nous avons données. Comme on le voit dans l'exemple précédent sur l'*ut* n° 6, on transforme l'accord *ut*, *mi*, *sol*, en accord de septième de dominante du ton de *fa* majeur, en ajoutant le *si* bémol; ce qui donne alors l'accord *ut*, *mi*, *sol*, *si* bémol, accord caractéristique de septième de dominante du ton de *fa*, et qu'on fait suivre immédiatement de l'accord *fa*, *la*, *ut*, accord confirmatif de la tonique. On voit que, dès ce moment, tous les degrés perdent le caractère et le rang qu'ils avaient dans le ton ou gamme d'*ut*, pour prendre leur caractère et leur rang respectifs du ton ou gamme de *fa*, et qu'ils comptent à partir du *fa*, qui est la tonique nouvelle ou premier degré, jusqu'à la note n° 12, où l'on fait retour au ton d'*ut*. Par conséquent, ce *fa* reprend le caractère et le nom de quatrième degré du ton d'*ut*, et on lui donne l'accord de la septième de dominante du ton d'*ut*, en sortant le *si* bémol qui reprend son caractère tonal de septième degré; ce qui fait l'accord *sol*, *si* naturel, *ré*, *fa*, qui est l'accord caractéristique de septième de dominante du ton d'*ut*, auquel on fait succéder l'accord *ut*, *mi*, *sol*, qui est l'accord confirmatif de la tonique. Dès ce moment, toutes les notes reprennent le caractère et le degré qu'elles doivent avoir dans la gamme d'*ut* majeur.

3° MODULATION D'UN TON MINEUR AU TON DE SA DOMINANTE.

La modulation d'un ton mineur au ton de sa dominante se fait
de la même manière que la modulation d'un ton majeur à sa dominante : c'est-à-dire , on transforme l'accord de septième de seconde du ton mineur dans lequel on est, en accord de septième
de dominante du ton de la dominante dans lequel on veut aller ;
mais on doit faire attention que, dans le ton majeur, on ne doit altérer que la tierce de cet accord, qui est le quatrième degré, pour
le transformer en septième degré ou note sensible du ton de la dominante ; tandis que, dans la transformation de l'accord de septième de seconde du mode mineur en accord de septième de dominante du ton de sa dominante , non-seulement il faut hausser
d'un demi-ton le quatrième degré, qui est la tierce de l'accord de
septième de seconde , pour le transformer en septième degré ou
note sensible du ton de la dominante ; mais on doit encore élever
d'un demi-ton la quinte de l'accord, qui est le sixième degré, parce
que le sixième degré se transforme aussi en second degré du ton
de la dominante ; et comme le second degré du ton mineur n'est
autre chose que le septième degré du ton majeur relatif, on doit
mettre l'accident que le ton majeur relatif porte à la clef. Comme
si, par exemple, nous voulions passer du ton de *la* mineur au ton
de sa dominante, qui est *mi*, nous prendrions l'accord de septième
de seconde du ton de *la* mineur , qui est *si, ré, fa, la* , et nous le
transformerions en accord de septième de dominante du ton de *mi*
mineur, en haussant avec un dièse le *ré*, qui est la note caractéristique du quatrième degré dans le ton de *la* mineur, pour le transformer en septième degré ou note sensible du ton de *mi* mineur, et
en haussant encore d'un demi-ton avec un dièse le *fa* qui est la quinte
de l'accord de septième de seconde. En effet, le ton de *mi* mineur ,
étant relatif du ton de *sol* majeur, doit avoir la même marque à la
clef, c'est-à-dire le *fa* dièse ; alors on aura l'accord caractéristique de
septième de dominante du ton de *mi* mineur, qui n'est autre chose

que la transformation de l'accord de septième de seconde du ton de *la* mineur *si, ré, fa, la,* en *si, ré* dièse, *fa* dièse, *la.* Cet accord, on le fait suivre de l'accord confirmatif de la tonique *mi, sol, si;* et aussitôt tous les degrés prennent leur rang, à partir de la nouvelle tonique, de la même manière que nous avons expliquée pour les modulations des tons majeurs. (Pl. XL, Ex. 112e.)

Pour le reste, on se conformera à tout ce que nous avons dit touchant la modulation de la tonique à la dominante du mode majeur.

4° MODULATION A LA SOUS-DOMINANTE DU MODE MINEUR.

Cette modulation se fait de la même manière qu'on fait celle du mode majeur, c'est-à-dire en transformant l'accord de la tonique en accord de septième de dominante du ton de la sous-dominante. Pour cela, on ajoute à l'accord de la tonique le septième degré sans l'accident, c'est-à-dire le septième degré naturel; mais, à la différence du mode majeur, que non-seulement on doit élever d'un demi-ton le troisième degré pour le transformer en septième ou note sensible du ton de la sous-dominante, mais on doit ajouter le septième degré sans l'accident, c'est-à-dire dans son ton naturel, pour le transformer en quatrième degré du ton de la sous-dominante. Ainsi, pour passer du ton de *la* mineur au ton de *ré* mineur, qui est sa sous-dominante, on prendra l'accord de la tonique *la, ut, mi,* qu'on transformera en accord de septième de dominante du ton de *ré* mineur; on y ajoute le *sol* naturel, septième degré de *la,* qui se transforme en quatrième degré du ton de *ré* mineur, et on met un dièse sur l'*ut,* qui est la troisième note de l'accord de *la;* ce qui le transforme en septième degré ou note sensible du ton de *ré* mineur. On aura donc l'accord *la, ut* dièse, *mi, sol* naturel, qui est l'accord caractéristique de septième de dominante du ton de *ré* mineur; on le fera suivre de l'accord *ré, fa, la,* qui est l'accord confirmatif de la tonique; et dès lors tous les degrés se transforment, ainsi que nous l'avons dit dans la modulation, à la sous-dominante du mode majeur. Mais on fera attention que le ton de *ré* mineur est relatif de *fa* majeur, et que, par conséquent, il doit avoir le *si* bémol comme lui. (Ex. 113ᵉ.)

Pour le reste, on se conformera à tout ce que nous avons dit de la modulation à la sous-dominante du mode majeur.

5° POUR MODULER D'UN TON MAJEUR A SON RELATIF MINEUR.

Pour moduler d'un ton majeur à son relatif mineur, on le fait en mettant un dièse sur le cinquième degré de la gamme ; ce qui le transforme en septième degré ou note sensible du ton relatif mineur. Alors la cinquième note, ainsi transformée, se trouve être la tierce de l'accord de la septième de dominante, et, par conséquent, la fondamentale de cet accord : c'est-à-dire que la dominante du ton mineur relatif sera le troisième degré ou troisième note du ton majeur. On formera aussitôt sur le troisième degré l'accord caractéristique de septième de dominante ; on le fera suivre de l'accord confirmatif de la tonique, et toutes les notes qui suivent prennent le nom et le caractère des degrés du nouveau ton. Par exemple, si nous voulons passer du ton *d'ut* majeur au ton de *la* son relatif mineur, nous mettrons un dièse sur le *sol*, ce qui le transformera en septième degré ou note sensible du ton de *la* mineur. Comme nous savons que la note sensible dérive de l'accord de la dominante, dont elle est la tierce, nous verrons de suite que la fondamentale de l'accord ou la dominante du ton de *la* mineur est le *mi*, qui, de troisième degré, se sera transformé en cinquième ou dominante du ton de *la* mineur, et portera l'accord *mi*, *sol* dièse, *si*, *ré*, accord caractéristique de septième de dominante du ton de *la* mineur. Cet accord sera suivi de l'accord confirmatif de la tonique *la*, *ut*, *mi* ; et dès lors tous les degrés ou notes perdront leur qualité de la gamme ou ton *d'ut*, et prendront celle de la gamme ou ton de *la* mineur, jusqu'au retour au ton *d'ut*, ou au passage à un autre ton. (Pl. XLI, Ex. 114ᵉ.)

6º POUR MODULER D'UN TON MINEUR A SON RELATIF MAJEUR.

Pour moduler d'un ton mineur à son relatif majeur, on ne fait autre chose que sortir l'accident du septième degré, ce qui le transforme tout de suite en cinquième ou dominante du ton majeur relatif ; on forme sur ce degré l'accord caractéristique de septième de dominante du ton majeur relatif, et on le fait suivre de l'accord confirmatif de la tonique : dès lors toutes les notes quittent leurs caractère et propriétés des degrés du ton mineur, et prennent ceux du ton majeur relatif. Comme si, par exemple, nous voulons passer du ton de *la* mineur au ton d'*ut* majeur son relatif, nous sortirons le dièse du *sol*, ce qui le transformera en dominante ou cinquième degré du ton d'*ut*, tandis qu'il était le septième du ton de *la* mineur; on formera l'accord *sol*, *si*, *ré*, *fa*, qui est l'accord caractéristique de septième de dominante du ton d'*ut* majeur; puis on le fera suivre de l'accord *ut, mi, sol*, qui est l'accord confirmatif de la tonique : dès ce moment les notes quittent leurs caractère et qualités du ton de *la* mineur pour ceux d'*ut* majeur, jusqu'au retour en *la* mineur ou à un autre ton. (Ex. 115ᵉ.)

Manière de connaitre les modulations.

Dans le plain-chant, les modulations se font ordinairement à chaque petite barre transversale de la portée, ce qui marque la finale des membres de phrase ou de la phrase elle-même; et c'est ordinairement la dernière note de la phrase qui est la tonique nouvelle; mais, au commencement de l'autre phrase, on change de ton, ou on rentre dans le ton qu'on avait quitté, ou bien on rentre dans le ton primitif, comme on peut le voir à l'exemple n° 109 que nous avons donné (Pl. XXXVI, XXXVII, XXXVIII).

On remarquera que chaque fois qu'une modulation arrive, l'oreille remarque que le passage a quelque chose d'extraordinaire, quelque chose qui n'a pas de rapport aux formes naturelles du ton où l'on est; comme, par exemple, quand on est dans le ton d'*ut*, on entend les passages suivants : *ut, si, la, sol* en descendant, ou encore *ut, ré, sol* en descendant; alors nul doute qu'on module en *sol* majeur. (Ex. 116e.)

Quand la mélodie fait les passages suivants : *ut, si, la, sol* naturel ou *sol* dièse, *la*, ou bien *mi, la, si, la*, ou bien *ut, la, si* ou *sol* dièse, *la;* alors on voit de suite qu'on est en *la* mineur. (Ex. 117e.)

Et quand arrivent les passages suivants : *ut, ré, mi, fa,* ou *sol, si* bémol, ou *mi, fa,* ou *la, sol, fa,* ou *fa, sol, si* bémol, ou *ut, si* bémol, *la;* alors nul doute qu'on ne module en *fa* majeur. (Ex. 118e.)

Comme aussi, quand on est en *la* mineur, et qu'on fait le passage : *la, sol* naturel, *si, ut, ré, si, ut,* ou *la, si, ut, sol* naturel, *la, fa, sol, ut;* alors nul doute qu'on ne module en *ut* majeur. (Ex. 119e.)

Mais si l'on fait les passages suivants : *la, si, mi, fa* dièse, *sol, mi,* ou *mi, fa* dièse, *sol* naturel, ou *mi, ré* dièse, *mi, sol;* alors on module en *mi* mineur. (Pl. XLIV, Ex. 120e.)

Et si l'on fait les passages suivants : *la, ré, ut* dièse, *ré, fa,* ou *la, sol* naturel, *si* bémol, *la, ut* dièse, *ré,* ou bien *mi, ré, ut* dièse, *ré;* alors nul doute qu'on ne module en *ré* mineur. (Ex. 121e.)

Dans le plain-chant, les modulations et le retour au ton commencent bien souvent par la tonique, comme on peut le voir dans l'exemple tiré de l'*Introït* de la messe de minuit de Noël, qui est dans le premier ton du plain-chant, et, par conséquent, en *ré* mineur. En effet, au *fa* qui correspond à *meus,* on attaque de suite la tonique *fa,* et on ne reste dans ce ton que pendant sept notes; car au *ré,* qui est la troisième note du groupe *es tu,* on module en *ut,* et ensuite on rentre au ton de *ré* mineur, en attaquant de suite la tonique *ré, fa,* qui correspond au mot *ego.* (Pl. XLV, Ex. 122e.)

Bien souvent encore, dans le plain-chant, les modulations se font dans la seconde de deux mêmes notes qui se suivent; dans ce cas, il faut remarquer en quel degré cette note se transforme : si c'est en dominante, tonique ou autre dérivant de ces deux notes, ou de celui du quatrième degré, ou de celui de septième de seconde. On connaîtra cela en examinant sur quelle note se fait la cadence ou la terminaison, et cette note, qui ordinairement est la dernière de la phrase, sera la tonique ; cela est encore indiqué par l'accident qui se présente sur l'une ou l'autre des notes du passage : *Qui in hunc mundum*, dans la communion de la messe de minuit de Noël, où le *fa* qui est avant la barre transversale est la tonique antérieure, et le *fa* qui vient après la barre se transforme en troisième degré du ton de *ré* mineur : c'est-à-dire que le premier *fa* termine la modulation en *fa*, et le second commence le changement de ton en *ré* mineur, par l'accord de la tonique *ré, fa, la*, dont le *fa* dérive comme tierce. Le *mi* qui suit et tombe sur le *ré*, donne la raison de ce changement; et il a lieu quand même l'*ut* qui vient après le *ré* ne porte point de dièse, vu que cet *ut* remonte au *ré*, et qu'il revient pour aller au *la*, qui est la dominante de *ré* mineur. (Pl. XLVI et XLVII, Ex. 123°.)

Dans le plain-chant, l'absence de la note sensible dans les tons mineurs peut être une cause d'incertitude ; mais si l'on fait attention, on verra toujours que le passage roule sur des formes qui accusent un ton mineur, d'abord par le sentiment triste qu'on remarque, et ensuite parce qu'on va toujours à la tonique, comme on peut s'en convaincre dans l'exemple précédent, qui est en *ré* mineur, et dans lequel on ne voit jamais l'*ut* dièse, qui est sa note sensible, mais, au contraire, l'*ut* naturel ; en revanche, l'*ut* monte toujours vers le *ré*, qui est la tonique.

Pour compléter les modulations, l'exemple suivant, qui est la gamme chromatique, et qui, par conséquent, fait des modulations continuelles, fera comprendre, j'espère, de la manière la plus claire, comment se font les modulations, en montrant que le dernier dièse se transforme toujours en note sensible ou septième degré, et le dernier bémol en quatrième degré du ton majeur, en sixième du ton mineur. (Pl. XLVIII, Ex. 124°.)

Je dois faire observer qu'on doit être bien sobre en fait de modulations; qu'on doit prendre garde d'en trouver partout; et je conseille de s'en tenir à celles qui se font le mieux sentir, qui sont les plus faciles, et d'accompagner, autant que possible, d'une manière unitonique.

Je conseille aussi de n'accompagner certaines hymnes et certains cantiques qu'à l'unisson , parce que ces hymnes et cantiques demandent des combinaisons harmoniques qui ne peuvent être devinées que par un bon harmoniste. Tels sont l'hymne de la Dédicace *Urbs Jerusalem,* le *Pange lingua ,* le *Veni Creator,* ainsi que le *Te Deum* dans quelques versets.

Je pourrais encore citer quelques autres hymnes qui sont difficiles ; mais c'est au lecteur à ne se hasarder que dans ce qu'il peut bien comprendre. Aussi, pour faire bien comprendre certaines hymnes et quelques autres pièces , il aurait fallu écrire un traité complet d'harmonie , ce qui n'a pas été mon intention. J'ai voulu seulement composer ce petit Traité dans le but d'aider ceux à qui je m'adresse à accompagner d'une manière simple les morceaux de plain-chant qui comportent une harmonie facile.

De la transposition.

La transposition proprement dite n'est autre chose que le changement d'un ton plus bas en un ton plus haut, ou d'un ton plus haut en un ton plus bas. La première se fait quand le chant est trop bas d'une, deux ou trois notes pour les chantres , et la seconde quand le chant est trop haut.

Pour transposer à vue la pièce qu'on doit chanter, il n'est pas nécessaire de la transcrire ; seulement on doit supposer une clef qui change le nom de la tonique écrite en celui de la tonique du ton dans lequel on veut transposer le morceau. Comme si, par exemple, nous trouvons que l'hymne des dimanches : *O luce qui mortalibus,* soit trop basse d'un ton, étant écrite en *fa* majeur, nous pourrons la monter d'un ton. Pour cela, il faut que le *fa* de la seconde ligne, qui est la tonique, soit transformé en un *sol,* qui sera la tonique du ton dans lequel on veut transposer. Or, pour faire un *sol* du *fa,* il n'y a qu'à supposer la clef de *sol* sur la seconde ligne avec un dièse sur le *fa* ; le bémol qui était à la clef n'existe plus, dès qu'on a changé la tonique : alors on accompagnera comme si l'hymne était écrite en clef de *sol*. Voyez l'hymne : *O luce qui mortalibus*. (Pl. XLVII, Ex. 123ᵉ *bis*.)

Comme on le voit, les notes restent écrites à la même place, ainsi que le prouve la clef d'*ut* de la quatrième ligne ; mais nous les montons d'un ton au moyen de la clef de *sol*, que nous supposons à la seconde ligne, et, au lieu d'accompagner cette hymne en *fa*, nous l'accompagnons en *sol* majeur.

La même opération se fait quand on veut baisser le ton ; on suppose une clef qui vous donne le ton voulu à la place du ton écrit.

Du reste, il est inutile de parler longuement de la transposition, vu qu'à présent, avec le système du transpositeur, on obtient ce résultat de suite en montant ou en baissant le clavier, pour mettre les notes dans le ton où l'on veut transposer.

OBSERVATIONS.

1° On doit éviter les fautes de quintes et d'octaves, qui ont lieu quand on les fait en y arrivant dans le même sens, c'est-à-dire quand les deux mains montent ou descendent ensemble. On évitera ces fautes, si l'on fait monter la main droite quand la main gauche descend, et descendre la droite quand la gauche monte.

2° On ne doit jamais doubler à la main droite le septième degré, surtout quand il est note sensible.

3° On supprimera la quinte dans l'accord de septième de seconde, et quelquefois dans celui de septième de dominante.

Voici maintenant quelques exemples qui montreront comment il faut s'y prendre pour accompagner le plain-chant de la manière simple dont j'ai exposé les préceptes. Je puis garantir que celui qui se rendra bien compte des règles que j'ai données, accompagnera le plain-chant d'une manière correcte et agréable, non pas cependant comme le font les bons harmonistes ; car, si j'avais voulu apprendre à accompagner le plain-chant avec le raffinement et les

grandes ressources qu'offre la véritable science de l'harmonie et du
contre-point, j'aurais dû écrire un traité conçu en d'autres termes,
et bien autrement étendu que celui que je viens d'offrir au public.
C'est donc sans m'écarter des principes élémentaires de cet ouvrage, que je vais donner les exemples suivants sur l'*Asperges me*,
des fragments de *Kyrie*, de *Messe de Bordeaux*, des *Annuels*, des
Solennels majeurs et *mineurs*, et les accompagnements des tons
des psaumes les plus usités. Je ne donnerai que des fragments,
parce que, si je donnais au complet et intégralement l'accompagnement de toutes ces messes, mon ouvrage deviendrait volumineux
outre mesure, et par conséquent trop cher, ce que je veux éviter ;
de plus, ce serait un travail inutile, vu que celui qui se sera bien
rendu compte des préceptes donnés dans cet ouvrage, accompagnera plus facilement le plain-chant de lui-même qu'en suivant
des accompagnements écrits.

Exemple sur l'ASPERGES ME ;

Septième ton du plain-chant. (Pl. XLIX, L et LI, Ex. 125°.)

J'ai baissé ce morceau et l'ai transposé en *ut ;* ce qui fait que,
quand même, dans le livre du plain-chant, il est écrit en *sol*, le *sol*,
selon la clef de muance, c'est-à-dire selon le diapason de l'échelle
du plain-chant, occupe la place du *mi* de l'échelle du premier ton
du plain-chant, sur l'étendue de laquelle on doit chanter sans jamais s'en écarter. Faire autrement, c'est s'écarter du principe des
anciens, qui composèrent le plain-chant de manière que tout le
monde pût le chanter sans jamais trop crier. En effet, au moyen
de leur mutation, ils faisaient ce que nous faisons nous-mêmes avec
la transposition, c'est-à-dire qu'ils baissaient ou montaient un morceau de plain-chant à volonté, en transformant les toniques des
tons, et en les mettant à la place d'autres notes sur la portée par le
changement de la clef. C'est justement ce que nous avons fait ; car
nous avons écrit l'*Asperges me* avec la clef de *fa*, troisième ligne,
afin de mettre l'*ut* à la place de *sol* dans le chant écrit en clef d'*ut*,

troisième ligne. De plus, on croira peut-être que nous avons baissé ce morceau de plain-chant de cinq notes, parce que de *sol* en apparence nous l'avons transposé en *ut* ; cela n'est pas ainsi, vu que le *sol* du plain-chant de ce morceau tient la place, dans la portée, du *mi* de la gamme du premier ton du plain-chant; et c'est réellement le véritable *mi* du plain-chant qui laisse sa place au *sol*. Donc, en transposant en *ut*, nous n'avons baissé le ton que d'un ton et demi, c'est-à-dire du ton de *mi* majeur en *ut* majeur. Comme on le voit au *sol* n° 1, on lui donne son accord de tonique mineure ; au *la*, second degré du ton de *sol*, on donne le second dérivé de la dominante, parce qu'il va vers le *si* bémol, qui est le troisième. A l'*ut*, quatrième note, on donne l'accord du quatrième degré, parce qu'on y va du troisième, et qu'il ne monte pas vers le cinquième ou dominante. Au *si* naturel, cinquième note, on module en *sol* majeur, c'est-à-dire qu'il n'y a pas de transformation de degrés, vu qu'on change de mode et non de ton; de *sol* mineur on passe simplement en *sol* majeur : par conséquent, les degrés restent les mêmes. On donne au *si* l'accord de la tonique *sol* ; au *la*, qui est le second degré et qui va vers le *sol* qui est la tonique, on donne l'accord de septième de dominante, et au *sol* l'accord de la tonique; au *la*, huitième note, changement de ton en *fa*, et par conséquent transformation des degrés. Ainsi le *la* se transforme de suite en troisième degré du ton de *fa*, auquel on donne l'accord de la tonique *fa* ; au *sol* n° 9 , transformé en second degré du ton de *fa* , on donne l'accord de septième de dominante du ton de *fa* ; et au *fa* n° 10 l'accord de la tonique. On opère toujours de la même manière, en faisant bien attention aux modulations, à la transformation des degrés , et en ayant soin de donner à chaque degré l'accord qu'il doit avoir, d'après les règles posées.

Exemple sur un fragment de la Messe de Bordeaux, afin qu'on voie la manière dont cette Messe doit être accompagnée. (Pl. LI, LII et LIII, Ex. 126°.)

Il est certain que j'aurais pu faire des accompagnements plus recherchés et plus élégants, au moyen du contre-point et autres artifices ; mais cela m'aurait fait sortir du plan que je me suis tracé, qui est de donner des accompagnements simples et faciles à comprendre par tout le monde, d'après les préceptes exposés dans cet ouvrage.

Ainsi on verra toujours que lorsque le second degré est suivi de la tonique, il a l'accord de septième de dominante, comme on le voit au *ré* n° 2 du premier *Kyrie*; et s'il montait au cinquième (la dominante), on lui donnerait l'accord de septième de seconde, comme cela se fait au *la* n° 4 du même *Kyrie*, qui monte à la dominante. Au troisième degré on donne toujours l'accord de la tonique, comme on le voit au *mi* n° 3. Au *la* n° 10 on donne l'accord de septième de seconde modifié avec un dièse, ce qui le transforme en accord de septième de dominante du ton de *sol* majeur ; parce qu'ici on fait une modulation en *sol*, à cause du passage *ut, si, la*, qui vient se reposer vers le *sol*. Au *la* n° 10 il y a donc modulation, et par conséquent transformation des degrés; et ce même *la*, de sixième degré qu'il était dans le ton d'*ut*, se transforme en second degré du ton de *sol*, jusqu'au *fa* n° 14, par lequel on rentre dans le ton d'*ut* ; et alors le *la* reprend le rang de sixième degré, et le *sol* n° 13 celui de cinquième (dominante). En examinant bien la suite de l'exemple, on verra qu'on fait toujours la même chose, qu'on donne les mêmes accords aux mêmes degrés et dans les mêmes circonstances, n'importe le ton dans lequel on passe ou dans lequel on se trouve.

Exemple sur le Kyrie de la Messe des Annuels, afin de montrer la marche qu'on doit suivre pour l'accompagner. (Pl. LIV, Ex. 127°.)

(La Messe des Annuels doit être accompagnée en *fa* majeur.)

Je ne donne que le premier *Kyrie*, parce qu'avec lui tout seul on peut voir la marche qu'on doit suivre pour tout le reste. Seulement on remarquera qu'au *ré* n° 15 on fait une modulation en *ut*, à cause du passage *ut, si, la, sol*, qui vient se reposer sur le *sol*, mais qui rentre de suite dans le ton de *fa*. Cette messe fait souvent de petites

transitions en *ut*. On devra bien faire attention à ne pas les man-
quer ; d'ailleurs elles se présentent toujours d'une manière très-facile à connaître. Au *Gloria*, à la fin du verset *Qui tollis peccata mundi,
miserere nobis*, où il y a *fa, mi* bémol, *ré, mi* bémol , *ré, ut*, il vau-
drait mieux accompagner ce passage à l'unisson. Mais si l'on veut
l'accompagner en harmonie, on doit l'accompagner en *ut* mineur ,
en donnant au *mi* bémol l'accord *ut, mi* bémol , *sol* naturel ; au
ré l'accord *sol, si* naturel, *ré, fa;* et à l'*ut* l'accord *ut, mi* bémol, *sol.*

Pour les Solennels majeurs : Messe de Dumont. (Pl. LV, Ex. 128ᵉ.)

Cette messe est écrite dans le premier ton du plain-chant, c'est-
à-dire dans le ton ou gamme de *ré* mineur, dont nous avons déjà
donné les harmonies quand il a été question de la gamme du premier ton du plain-chant. Ce sont les harmonies de cette gamme
qu'on devra consulter, parce que c'est avec elles qu'on doit accompagner cette messe.

Le premier *Kyrie* suffira pour faire comprendre la marche qu'on
doit suivre dans l'accompagnement ; seulement on remarquera
qu'elle module très-souvent en *la* mineur, qui est le ton de la dominante de *ré*, comme on le voit à l'*ut* n° 10. On attaque sur cet *ut* le
ton de *la* mineur ; on transforme donc cet *ut* en troisième degré du
ton de *la;* on lui donne l'accord de la tonique *la, ut, mi*, et l'on reste
dans ce ton jusqu'au *la* n° 13, où l'on rentre dans le ton de *ré* mineur en transformant ce *la* en dominante de *ré* : car on arrive de
suite au *sol* naturel, puis au *fa* naturel qui va au *mi*, puis au *ré*, ce
qui fait connaître la rentrée du ton. Le *Christe*, à partir du *sol, ut*,
module et finit en *la*. Au *Credo* , on module quelquefois en *fa* majeur, comme *Patrem omnipotentem* , jusqu'à *terræ ;* comme *Lumen
de lumine*, etc.

Autre fragment des Kyrie de la Messe des solennels mineurs.
(Pl. LVI, Ex. 129ᵉ.)

Cette messe est écrite en *ré* mineur, c'est-à-dire dans le deuxième ton du plain-chant, qui est le ton plagal du premier. Comme elle serait trop basse de quatre notes, on la transpose en *sol* mineur, qui la met dans un ton ni trop haut ni trop bas pour les chantres. (Voy. l'Ex.)

Comme on le voit, les accords sont toujours les mêmes pour les mêmes degrés, n'importe dans quel ton on accompagne. Dans ce *Kyrie*, il n'y a pas de modulations ; seulement on remarquera qu'à l'*ut* n° **11,** qui est le quatrième degré , on donne l'accord de septième de seconde, parce qu'il monte vers le *ré* n° **12,** qui est la dominante.

Il n'y a pas d'autres observations à faire, si ce n'est que, dans le courant du *Gloria,* il y a quelques modulations en *si* bémol, comme dans le verset : *Propter magnam gloriam tuam;* et : *Quoniam tu solus Sanctus,* et : *Tu solus Dominus :* au *Credo,* ou verset : *Omnia secula;* et à : *Et incarnatus est de Spiritu Sancto ex Mariâ Virgine;* et : *In cœlum sedet ad dexteram;* et au *Resurrectionem mortuorum :* au *Sanctus Dominus Deus Sabaoth;* et au *Benedictus ,* à : *In nomine Domini.* A *l'Agnus Dei,* il y a une modulation en *fa* à la chute *mundi* du premier *Agnus Dei ;* au second, à *qui tollis,* c'est la même chose.

Je vais donner pour complément l'harmonie des psaumes les plus usités, afin qu'on soit à même de pouvoir les accompagner soi-même. Je donne les accompagnements de la manière la plus simple et la plus facile, selon les préceptes donnés dans cet ouvrage.

Psaume du premier ton.

Ils s'accompagnent en *fa* majeur jusqu'à la barre transversale , c'est-à-dire jusqu'à l'astérisque *, c'est-à-dire jusqu'à la moitié du verset, et la seconde moitié en *ré* mineur. (Pl. LVII et LVIII, Ex. 130°.)

2° TON EN *sol* MINEUR.

Ce psaume s'accompagne en *si* bémol majeur jusqu'à la fin de

58

la première moitié du verset, et la seconde moitié s'accompagne en *sol* mineur. (Pl. LIX, Ex. 131ᵉ.)

3ᵉ TON EN *ut* MAJEUR,
jusqu'à la première moitié, et en *la* mineur avec finale au
mi, qui est la dominante de *la*. (Pl. LX, Ex. 132ᵉ.)

4ᵉ TON EN *la* MINEUR,
avec finale au *mi*, qui est la dominante de *la*. (Pl. LXI et LXII,
Ex. 133ᵉ.)

5ᵉ TON EN *fa* MAJEUR.
(Pl. LXII et LXIII, Ex. 134ᵉ.)

TON IMPÉRIAL EN *ré* MAJEUR.
(Pl. LXIII, Ex. 135ᵉ.)

6ᵉ TON EN *fa* MAJEUR.
(Pl. LXIV et LXV, Ex. 136ᵉ.)

7ᵉ TON EN *mi* MAJEUR,
en appuyant sur le *si*. (Pl. LXV et LXVI, Ex. 137ᵉ.)

8ᵉ TON EN *ut* MAJEUR,
avec finale en *sol*. (Pl. LXVI, Ex. 138ᵉ.)

On trouvera à critiquer sur les harmonies avec lesquelles je fais accompagner les psaumes et le plain-chant; je le répète, j'ai cherché le facile et non le compliqué : car je n'ai pas voulu m'écarter des préceptes simples que j'ai donnés aux personnes à qui ce petit ouvrage s'adresse. Seulement je suis fâché d'avoir été contraint de donner des harmonies un peu difficiles dans certains cas : comme, par exemple, pour le septième ton des psaumes que j'ai transposé en *mi* majeur, en appuyant sur le *si*. J'ai fait ainsi, parce que je crois que ce ton est le plus convenable pour les chantres. En effet l'expérience m'a appris que, dans presque toutes les églises où j'ai accompagné ce psaume, c'est dans ce ton qu'ils l'entonnent toujours. Enfin, j'ai écrit l'accompagnement des psaumes dans les tons qui m'ont paru les plus favorables pour les chantres, et dans lesquels ils les entonnent ordinairement.

Je dirai seulement, en dernier lieu, que celui qui se sera rendu compte de ce que sont la mélodie et l'harmonie, les intervalles qui les composent, le nom et le caractère de chaque intervalle, la manière de les renverser et la manière dont ils se comptent, comment se forment, se renversent et s'enchainent les accords, ne sera pas embarrassé par les accompagnements que je donne dans cet ouvrage.

Je recommande par-dessus tout de jouer souvent les exercices et les gammes avec leurs accords, afin de s'habituer au doigté : c'est un travail très-utile, et je dirai même nécessaire.

Pour répondre au vœu de quelques ecclésiastiques qui me prient de leur donner un accompagnement très-facile pour les psaumes, en ne mettant que deux notes à la main qui fait l'accompagnement, j'ai ajouté à mon ouvrage quelques morceaux qui pourront servir de modèle en ce genre. On les trouvera à l'exemple 139ᵉ (Pl. LXVII, LXVIII, LXIX et LXX.)

Quelques autres m'ont aussi demandé si avec ma méthode d'accompagnement, qui met le chant à la basse, c'est-à-dire à la main gauche, on pourrait le mettre à la haute , c'est-à-dire à la main droite, et l'accompagnement à la basse. Je dois leur répondre affirmativement. En effet, ma méthode n'est pas mécanique, mais positive; elle donne les règles précises pour faire connaître les accords, la manière dont ils doivent se suivre les uns les autres, et quels sont ceux qu'on doit donner à chaque note, selon qu'elle est précédée et suivie de telle ou telle autre. Ainsi, que le chant soit fait avec la main gauche, ou qu'il soit fait avec la main droite, les notes portent toujours les mêmes accords fondamentaux ou dérivés; car les notes du chant, qu'elles soient en haut ou en bas, appartiennent toujours aux mêmes degrés, comme on peut le voir dans les deux gammes harmoniques que je donne à l'exemple 140ᵉ (Pl. LXXI), où le chant se trouve à la main droite. Par conséquent , quand le second degré, qu'il soit en haut ou qu'il soit en bas, quand le second degré, dis-je, va vers la tonique ou vers le troisième , on lui donne toujours l'accord de septième de dominante; et quand il va vers la dominante, on lui donne toujours l'accord de septième de seconde. (Pl. LXXI, Ex. 140 .)

Seulement il faut faire attention qu'on doit toujours commencer et finir par un accord parfait, c'est-à-dire par l'accord fondamental soit de la tonique, soit de la dominante, comme il arrive dans l'accompagnement de quelques psaumes , tels que le troisième , le quatrième et le huitième.

Pour mettre le chant à la haute, c'est-à-dire à la main droite, on peut le faire de deux manières différentes. Par la première manière, on met le chant et les accords à la haute (à la main droite), en faisant en sorte que la note du chant soit toujours à la partie la plus haute de l'accord , et en faisant une basse fondamentale ou renversée, avec la main gauche. Mais quand on fera le premier renversement, c'est-à-dire quand on mettra la tierce de l'accord à la basse, on fera en sorte de ne pas la doubler, ou de ne pas la mettre aussi à la main droite , et cela surtout quand la tierce de l'accord est la note sensible. Quand on fait le second renversement , c'est-à-dire quand on met la quinte de l'accord à la basse, ce qui fait un accord de quarte et de sixte, on doit faire bien attention si la quarte est préparée et résolue, c'est-à-dire si l'une des notes qui servent à former la quarte fait partie de l'accord qui précède, ce qui fait la préparation; et si, dans l'accord suivant, l'une des notes qui forme la quarte reste en place, ce qui fait la résolution : car, en n'observant pas cette règle, on ferait une faute grave d'harmonie. (Pl. LXXI, Ex. 141ᵉ.)

Comme on le voit dans cet exemple qui est tiré du *Benedicimus te*, du *Gloria* de la messe des Annuels , où l'*ut* du dernier accord du *Laudamus te* prépare la quarte *sol*, *ut* du n° 1, et la résout en n° 2 ; et le *fa* de l'accord n° 3 prépare la quarte *fa*, *si* du n° 4, et le *si* du n° 5 la résout.

Il y a cependant la quarte qui provient du second renversement de la tonique, et la quarte majeure , qui peuvent se passer de préparation. Comme je l'ai déjà dit, quand on voudra accompagner de cette manière , on mettra le chant toujours à la note la plus haute de l'accord (1). (Pl. LXXII, Ex. 142ᵉ et 143ᵉ.)

La seconde manière d'accompagner en mettant le chant à la haute (à la main droite), consiste à mettre tous les accords à la basse (à la main gauche), et à faire le chant en octaves à la haute (à la main droite). En faisant de cette manière, le chant sera mieux compris ou entendu par les chantres; et je crois qu'elle est la meilleure, quand on veut le chant à la haute. (Pl. LXXII, Ex. 144ᵉ.)

Il arrive bien souvent que la position de la main dans le clavier

---

(1) Je ne suis pas de l'avis d'accompagner le chant de cette manière , parce que 1° on est forcé de déplacer trop souvent la main sur le clavier, ce qui augmente la difficulté ; 2° parce que le chant est presque toujours couvert par l'accompagnement , et par conséquent on ne peut aider les chantres; 3° parce qu'il est presque impossible de faire un accompagnement correct.

empêche de faire toutes les notes des accords, et d'en doubler d'autres. Dans ce cas , on fera en sorte de supprimer la quinte de l'accord, et d'en doubler la fondamentale. On ne doit pas supprimer la tierce de l'accord, ni la doubler non plus.

De la manière d'accompagner les cantiques et les airs avec les seuls accords donnés dans cet ouvrage.

Les cantiques peuvent s'accompagner avec les accords donnés pour le plain-chant dans cet ouvrage; mais leur mode d'accompagnement n'est pas uniforme comme pour ce dernier. On peut écrire l'harmonie des cantiques tantôt en accords plaqués (1), ainsi que pour le plain-chant, tantôt en accords brisés, comme les arpéges (2) et les batteries (3). Quand on voudra jouer un cantique avec l'orgue seul et sans accompagner des voix, on fera le chant avec la main droite; si le chant est à plusieurs parties, et qu'on veuille les faire toutes, il faudra voir d'abord s'il est possible de faire toutes les parties, excepté la basse, avec la main droite. La basse étant réservée à la main gauche, on pourra la faire telle qu'elle est écrite, ou bien en batteries ou en arpéges; cela dépend du goût de celui qui accompagne. Dans ce cas , on doit faire l'harmonie qui est écrite pour le cantique, c'est-à-dire l'harmonie des parties.

Voici un exemple qui servira de modèle pour les trois manières différentes d'accompagner les cantiques.

1° En faisant toutes les parties avec l'orgue seul. (Pl. LXXIII, Ex. 145°.)

(1) Les accords plaqués sont ceux qui se font simultanément, comme *mi, sol, ut.*

(2) Les arpéges sont ceux qui se font en frappant les notes séparément , en montant de bas en haut ou en descendant : comme *ut, mi, sol, ut,* ou *la, fa, ré.*

(3) Dans les batteries, les accords vont d'une note à une autre, puis reviennent à la note du *medium,* pour reprendre la note plus haute ou plus basse.

2° On peut jouer un cantique en choisissant le chant seulement et en supprimant les autres parties, sauf à prendre le chant de chacune, quand elles le font toutes seules. Dans ce cas on suit les mêmes règles que pour l'accompagnement du plain-chant, c'est-à-dire qu'on donne aux notes ou degrés l'accord qui leur convient, selon qu'elles sont précédées ou suivies de telle ou telle note, comme nous l'avons dit quand nous avons parlé de l'accompagnement du plain-chant. C'est la main droite qui doit faire le chant, et la main gauche la basse et les accompagnements, avec des accords plaqués ou brisés, en batteries ou en arpéges. On doit remarquer que quand il y a deux, trois ou quatre notes dans un temps de la mesure, l'accord ou l'harmonie porte toujours sur la première note du temps, et les autres notes qu'on appelle notes de passage passent sur l'accord de la première note du temps. On peut en voir une explication dans l'exemple que nous venons de donner. C'est à la seconde mesure, au troisième et au quatrième temps ; l'accord porte sur le *fa*, qui est précédé du *sol* et qui va vers le *mi*, et qui par conséquent porte l'accord de la septième de dominante, sur lequel passe l'*ut* du troisième et le *mi* du quatrième temps.

On a vu aussi que, dans ce cantique, à la mesure après le point d'orgue, on passe d'*ut* majeur en *ut* mineur, et qu'on reste dans ce ton jusqu'à la cinquième mesure après le point d'orgue : ce changement de ton se fait très-souvent dans les cantiques; c'est pour cela qu'il faut bien le remarquer. (Pl. LXXV. Ex. 146°.)

Ici je ne répète pas le duo des couplets, parce qu'il doit être accompagné de la même manière que je l'ai fait dans l'exemple précédent : c'est-à-dire, que l'on doit faire toujours les deux parties du duo avec la main droite, et la basse et les accompagnements avec la main gauche.

3° Quand on voudra accompagner des personnes chantant un cantique avec toutes ses parties, on fera les accompagnements des deux mains : avec la gauche on fera la basse en accords plaqués ou brisés, tantôt en renforçant la basse même du chant, tantôt en la quittant pour la mieux faire ressortir avec des batteries ou des arpéges ; avec la main droite on tâchera aussi de temps en temps de renforcer les parties du chant, tantôt l'une, tantôt l'autre, surtout dans les passages pleins et forts, et on accompagnera le reste avec des accords plaqués, quand la basse ou la main gauche fait des batteries ou des arpéges; et, au contraire, avec des arpéges et des batteries, quand la main gauche fait des accords plaqués. Dans quelques cas on fait tout à l'unisson, comme on le voit dans le passage en *ut* mineur, après le point d'orgue. On fera bien attention aux notes de passage, comme nous l'avons expliqué plus haut.

Ordinairement, quand on accompagne des voix, on fait une cadence avant qu'elles commencent, pour leur donner le ton. (Pl. LXXVI, Ex. 147ᵉ.)

Comme il arrive bien souvent qu'on fait passer certaines notes sur des accords auxquels elles n'appartiennent pas, je vais donner un petit aperçu sur ces notes qu'on appelle notes de passage.

Des notes de passage.

Bien souvent on fait certaines notes sur des accords avec lesquels elles n'ont aucun rapport, et sont au contraire en dissonnance médiate ou immédiate avec lui. Malgré cela, elles ne produisent aucun mauvais effet, et passent même inaperçues. Par exemple, cela pourrait avoir lieu dans les deux notes de la troisième mesure de l'hymne : *O luce qui mortalibus* (Ex. 148ᵉ), dans laquelle, au lieu de faire deux accords aux notes *si*, *la*, qui correspondent à la syllabe *qui*, on pourrait faire passer le *la* sur l'accord de la tonique.

Exemple 148ᵉ.

Comme on le voit, le *la*, qui est dissonnant avec le *sol*, passe inaperçu.

Dans le cantique à la Vierge Marie, la même chose arrive, à la seconde mesure, à l'*ut* qui correspond à la syllabe *ge*, et au *mi* qui correspond à la syllabe *Ma*. Ces deux notes passent inaperçues sur l'accord de la septième de dominante, *sol*, *si*, *ré*, *fa*. (Pl. LXXIII, LXXV et LXXVI, Ex. 145ᵉ, 146ᵉ, 147ᵉ.)

Les notes de passage se font toujours par mouvement conjoint de seconde, et remplissent les intervalles vides qui existent entre les notes réelles, ou qui portent les accords : comme si, par exemple, nous prenons l'intervalle des deux notes *ut*, *sol*, et si nous remplissons cet intervalle vide avec les notes *ré*, *mi*, *fa*; le *ré* et le *fa* sont deux notes passagères, parce qu'elles n'appartiennent pas à l'accord *ut*, *mi*, *sol*; et le *sol* est une note réelle, parce qu'elle porte son accord.

Exemple 149ᵉ.

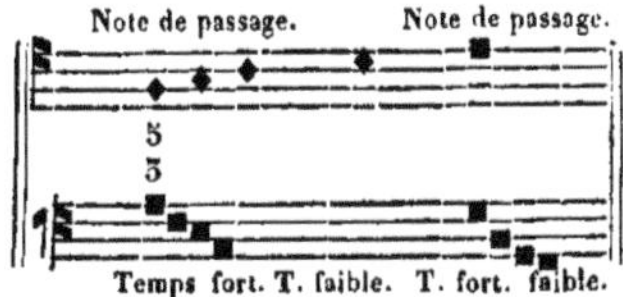

Pour bien comprendre ce que j'indique, et comment se font les notes de passage, on doit savoir que les mesures se divisent en temps forts et en temps faibles; que les temps eux-mêmes se divisent en moitié forts et en moitié faibles; que les mesures à quatre temps ont deux temps forts, qui sont le premier et le troisième; les mesures à deux temps ont un temps fort qui est le premier, et un temps faible qui est le second; et les mesures à trois temps ont le premier temps fort, le second et le troisième faibles.

Les temps et les moitiés de temps forts sont appelés ainsi, parce qu'ils portent les notes des accords; tandis que les temps faibles sont ainsi appelés, parce qu'ils portent des notes inaperçues, qui passent sous les sons de l'accord des notes fortes ou des temps forts.

5

Dans les mouvements lents, et quelquefois à la fin des phrases, les temps se partagent en moitié forts et en moitié faibles : c'est-à-dire qu'on donne un accord à la première moitié du temps faible, ce qui constitue cette première moitié forte; et on fait passer la seconde moitié sur ce même accord, ce qui fait la seconde partie faible.

Exemple 150e.

Quelquefois aussi on donne deux accords différents au dernier temps faible : cela a lieu quelquefois pour faire une cadence qu'on n'a pas pu préparer de plus loin.

Exemple 151e.

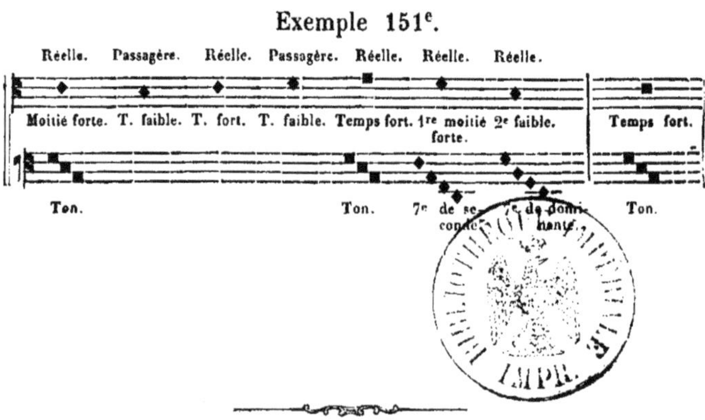